「食」の図書館

パイナップルの歴史

PINEAPPLE: A GLOBAL HISTORY

KAORI O'CONNOR
カオリ・オコナー【著】
大久保庸子【訳】

原書房

目次

［……］は翻訳者による注記である。

序章◉

起源と発見

◉コロンブスのパイナップル「発見」

クリストファー・コロンブスはカリブ海に浮かぶその島をサンタ・マリア・デ・グアドループと船上から名づけ、上陸するやすぐさまパイナップル（学名 *Ananas comosus*）を「発見」した。1493年11月4日、コロンブスにとって二度目の航海のときのことである。

そこでは、のちの大英帝国時代に活躍した画家、たとえばフランシスコ・バートロッツィなどが好んで描いた光景――先住の部族長たちが進み出て外国人探検家に果実と富を差しだすといった贈呈の儀式が繰りひろげられたわけではなかった。上陸したヨーロッパ人は海岸から目と鼻の先にある村落に向かったが、そこに人影はなかった。住民であるトゥピナンバ族はおびえるあまり山岳地帯にすでに逃げ去っていた。もぬけの殻となった小屋には紫、赤、緑、青、白といったカラフルな

フランシスコ・バートロッツィ「キューバ島でコロンブスに話しかけるインディオの僧侶」。1794年。エングレーヴィング。贈り物の果実の中にパイナップルが見える。

羽の色のオウムとキャラバッシュ［ヒョウタンノキ］でつくられた器に盛られた「形は緑色の松かさに似ているが、松かさよりずっと大きく、食感はとろりとしてメロンに似ているが、いくぶん歯ごたえがあり、メロンより味も香りもはるかに甘い果実[1]」が残されていた。

ヨーロッパ人はその果実の風味に魅せられると同時に、その姿かたちとウロコが寄り集まったような奇妙な外皮（これこそがパイナップルは1個の果実ではなく、多くの果実から成る集合果であり、それぞれ100個以上の小果実からできているという事実を物語る）にも引かれた。さらに、ずっとのちにわかったことだが、パイナップルの外皮（のらせん模様）はフィボナッチの数列［隣り合うふたつ数の和が次の数に等しい数列］の一例であり、その果実は自然が創りだした魅惑的な姿かたちで人の目を引きつけて興味をかきたてるのだった。

このように魅力的なものとしてヨーロッパ人の目に映りはしたが、もともとパイナップルは期待されて出現したわけではなかった。というのも15世紀初頭から17世紀初めにかけてのヨーロッパの大航海時代の目的は豊かさ――黄金、銀、真珠や宝石を見つけることだったからだ。大航海時代の不朽の遺産と言えば、別の意味の豊かさを持ち込んだこと――つまりパイナップルのように、ヨーロッパはじめ世界中の食文化を永久に変えてしまうことになる食物の発見のほうだと思われるが、そうした評価が与えられるのはずっと先の話だ。

7羽のオウムとこの奇妙な果実を持って船に戻り、コロンブスとその部下たちはエスパニョーラ島［現在のハイチとドミニカ］に出帆した。エスパニョーラ島はコロンブスが一回目の航海で陸地初《しょ》

「ザ・パイン・フルート」。ジョン・ホワイトを思わせるドローイング。1585～93年頃。

認《にん》［長期航海後に初めて陸地を見ること］をおこなった地であり、そこには黄金があると考えられていた。そこはあらゆる意味において新世界であり、それまでのヨーロッパ人の知識がそこでも通用するかどうかが試されているかのようだった。航海者は目にするものすべてに驚嘆し、驚嘆した分、脅威もおぼえた。見たこともない動物や風変わりな鳥が、季節などないかのような不思議な環境の中に棲みつき、漂う空気はバラか何か、名も知らない優美な花の香りを思い起こさせた。一年中豊かに果実や種子をつける植物は見るからに人間の手など必要としてはいなかったし、船上から眺める緑豊かな海岸はさながら楽園だった。

目にするものの美しさに、コロンブス自身、この地に永住しようかと思ったりもする、と航海日誌に記している。とはいえ、ほどなくコロンブスも現実的な問題に直面する。スペインから持ってきた食料が底をつき始めていたのである。部下たちも、植民者がすぐに思い知ったこと――原地産の食物のほうが旧大陸から輸入される食品より消化がよく、熱帯の気候にも適しているということに、まだ気づいてはいなかった。船団が海岸に近づくと、先住民がカヌーに乗って真水と食料を持ってきた。交易のためだったが、当初、ヨーロッパ人は交易に気乗りがしなかった。というのもヨーロッパ人には「先住民が口にするものは、食せば気分が悪くなるばかりか、命を落としかねないものが多い[2]」という思いが強くあったからで、その最たるものがヘビやイグアナだった。唯一パイナップルだけが例外だった。

ほどなくわかったことだが、グアドループ島で最初に発見されたパイナップルは実のところ小型

新世界の美しさと危険――現地産食料のうち、植民者がほどなく恐怖感を拭えたのはパイナップルだけだった。ヘビをくわえたオウム。フレンチ。17世紀後半。水彩。

の自生種で、さらに大きくて味もよい栽培種が存在していた。コロンブスがパイナップルを「発見」したと言われるが、彼は、古くアマゾン川中心流域から始まった伝播の連鎖のいちばん新しい先端部分を目にしたにすぎなかった（麻薬の一種であるコカの木やチョコレートの原材料であるカカオの木同様、パイナップルもアマゾン川中心流域を原産地とすると考えられている）。

トゥピナンバ族はパイナップルを生のまま、あるいは火であぶって、あるいは乾燥させて食べたり、パイナップルから酒を作ったりしていた。さらに飲食にとどまらず、パイナップルを薬として利用したり、葉から繊維を取りだして網に編んだり紐に組んだり、矢じりに塗る毒物作りにも用いたりしていた(3)。

つまりコロンブスが新世界に到着する何世紀もまえから、パイナップルはアメリカ大陸の先住民族の活動に伴って現在のブラジル、ギアナ、コロンビア、中央アメリカの一部、さらには西インド諸島にまで伝播していたのだった。先住民の栽培法がでたらめに見られたり、その作業がヨーロッパ人の目に触れる機会もなかったりしたために、パイナップルの品種改良のため先住民がつぎ込んできた努力など評価されなかったというだけの話である。結果としてパイナップルは、新参のヨーロッパ人から見れば、物惜しみをしない自然からの贈り物、すなわち神の御心による贈り物であると映ったのだった。

ジョン・ホワイト風、トゥピナンバ族が踊っている――女性が手にしているのはパイナップルの形のラトル［楽器］。1585～93年頃。水彩。

◉果実の王

当時のヨーロッパの宮廷では騎士道物語――騎士の冒険の旅や英雄的偉業、さらには不可思議な魔力をめぐる物語が大いにもてはやされ、印刷術の発展とともに普及していた。さまざまな発見の詳細を知りたいという声はいよいよ高まり、航海、探検、征服をテーマにした大衆文学とも言うべき新たな読み物が誕生した。そうした読み物では、新世界を背景に見たこともない動物や異様な人たちが登場し、迫真の武勇伝が語られた。ドラゴンの代わりにオセロット［ヒョウに似た野生ネコの一種］やアルマジロ、騎士団の代わりに羽飾りをまとった魔術師に率いられ、体を赤く塗った先住民が登場し、城の代わりに誰もがその財宝の分け前に目の色を変える噂の黄金都市のことが語られたのである。

コロンブスに同行して大西洋を渡った植民者や冒険者たちは四苦八苦して、それまでまったく見聞きしたことのなかったものを描いた。そのような物語の中で、パイナップルは驚くべきもの、南国情緒あふれるもの、手に入れたいもののすべての象徴、まさに果実の王《キング・オブ・フルーツ》となった。マゼランの世界周航に加わったベネツィア人航海者アントニオ・ピガフェッタは「実際それは発見され得る果実の中でもっともおいしく……砂糖漬けのリンゴなどの比ではない」と記し、フランス人探検家ジャン・ド・レリは「それを堪能できるのはおそらく神々であり、それは女神の手で集められて然るべきものである」とした。以下は英国人探検家サー・ウォルター・ローリーによる記述だ。

スペイン人はギアナのパイナップルこそエバがアダムに勧めたまさにそのリンゴだと言うが、誰ひとりとしてその果実の素晴らしさを言葉にできていないというのが事実である。これまでのところ、あの果実を凌《しの》ぐ果実は存在していない。

大航海時代初期に食物について記されたものの中で、情熱と長さの点でもっとも際立っているのはゴンザロ・フェルナンデス・デ・オビエド・イ・ヴァルデス（サントドミンゴの黄金工場を指揮監督するようスペイン国王フェルディナントに派遣された）によるもので、そこにはパイナップルへの熱い想いがめんめんと綴られている。

これこそ、私が世界中で目にしたもっとも見事な果実である。少なくともスペインにも、フランス、イングランド、ドイツにも、イタリア、シチリアにも存在しない……誰かが持ち込んだシチリア産のミレルエロ、さらにはマスカダインペア［小さいながらおいしいとされていた当時の西洋ナシの一種］とて、初めてナポリ王ともなられたフェルディナント国王様がそのお庭に、すなわちパーク、「パラダイス」ならびにナポリ王室の囲い地に集められたあの素晴らしいあらゆる果実とて、その比ではない。これこそが見事なまでに立派な実をつけるキリスト教徒所有の果樹の中の王子《プリンス》であり……ミラノ公ルドヴィーコ・スフォルツァ様の手押し車につくられた可動式果樹園でも果実が実り、そのテーブルに、お部屋に持ち込まれているが、その比ではない。あのような果樹のいずれも、また私がこれまで目にした果樹のいずれも松かさ、あるいはアーティチョークに似たあのような果実はつけないと思われる。それに今から述べる特質のすべてにおいて、これに匹敵する果実は世界中どこを探してもないと考えられる。

その特質を申せば、まず見目麗しく、香りは優美、味も見事としか言いようがなく……他にもこの果樹には、農業従事者の手を煩《わずら》わせることなく自生に近いかたちで生育するという特質もあり……さらには、この果実の美しさをしげしげ眺めると、そのつくりの美しさを、つまり自然がつけた色合いと姿かたちの好ましさを楽しむこともできるばかりか、さらにマルメロ、ピーチ、最高級のメロンが入り混じったような香りが嗅覚をも歓《よろこ》ばせる。このような比類なき特質は、すべての果実が束になってかかろうと、まちがいなくすべてに勝り……完熟のときのこの果実はまことに芳《かぐわ》しく、素晴らしいその香りに嗅覚は至福に包まれる。まったくもって、この果実は別格なのである。

味はと申せば、一度食べたらさらに欲しくなり、賛美することも忘れるほど筆舌に尽くしがたい上品な味わいで、私が記述したことのあるいかなる果実もまったくもってこれとの比較の対象とはなり得ず……これ以上美しく魅力的な姿かたちをした果実がこの世界に存在するとは思われない。その果肉を味わうと……まさに心満たされる思いがするのである。(4)

これでもゴンザロ・フェルナンデス・デ・オビエド・イ・ヴァルデスの記述の一部でしかない。

マリア・ジビーラ・メーリアン「スリナム・パイナップル」。1701 ～ 05年頃。水彩。

パイナップルにメロメロだったオビエドに言わせれば、パイナップルの完璧さが損なわれる欠点を強いて挙げれば、パイナップルを食べた後で飲むワインが――それが世界最高のワインだったとしても――おいしく感じられないことだけだったのである。

　こうして熱帯地域のアメリカを越えてパイナップルが世界にもたらされた。オビエドも触れているように、最高品質の果実は元来、王室のテーブルにのせられるべきものと見なされていた。ヨーロッパに持ち帰られたパイナップルは国王や貴族に気に入られ、惜しみない歓待のしるしとなり、絵画や文学、楽曲や歌の中で称えられた。パイナップルをわがものにという欲望から、ヨーロッパや北米では熾烈な栽培競争が引き起こされた。

　結果的には、ヨーロッパや北米でのパイナップル栽培は商業的成功に結びつかなかった。この現実を踏まえ、最初のパイナップル・プランテーションがカリブ海地域に設立された。黄金色のこの果実は世界をめぐった――ハワイへも行ったし、大西洋および南太平洋の島々へも、アジアそしてアフリカへも渡った。途中、植民地を基盤に近代的商業大帝国とも言えるものを誕生させたりもした。そして現在、どのような食材ともマッチするその強みを生かし、パイナップルは甘さ、酸味、苦み、塩味、辛味を見事に演出するものとして――生だったり、ドライフルーツあるいはジュースだったりするが――おいしく調理されている。かつての王の果実《フルーツ・オブ・キングズ》が今では果実の女王《クイーン・オブ・フルーツ》となって、世界中のさまざまな文化、料理の中で愛され続けているのである。このようなことがどのように生じたのか、それを考えつつ、食物としてのパイナップルの歴史から紐解こう。

第1章◉王の果実

◉最高の賛辞を受ける

コロンブスは、カトリック両王フェルディナント王（1452～1516）とイサベラ女王（1451～1504）への贈り物を携え、2度目の新世界への航海からスペインに戻った。金塊、マスクや装飾品といった先住民族手作りの黄金製の珍品、外来種の鳥、樹木、動物、そしてパイナップルをはじめとする植物などを持ち帰った。

パイナップルは王族から最高の賛辞を受け、口にするなり、フェルディナント王は何よりこれが気に入ったと明言した。風味、ものめずらしさはさておき、象徴的な一場面だった。西インド諸島におけるスペインの領土権をコロンブスが主張するや、フェルディナント王は今や自らのものとなった領土を具象するかのような果実をこれ見よがしに食べたのである。国王の称賛を記録した家臣のひとりは残念な気持ちを以下のように記した。

私自身はそれを口にしたわけではない。というのも長旅のあまり、届けられたときには1個を除いてすべて腐敗していたからだ。産地で採れたてのパイナップルを食べたことのあるスペイン人は絶妙なその風味を最高の言葉でほめそやした(1)。

めずらしいこの果実が何よりの好物となったという国王の言葉は、実のところ、ある種の自慢、国王としての富と権力の表明でもあった。とはいえヨーロッパにひとつしか存在しないその果実を国王が味わったばかりに、先々、その需要をまかなっていくことが実にむずかしい問題となっていった。はるか遠方からもたらされるにしても、国王自身の庭園で栽培されるにしても、極上のその果実は王族のテーブルに与えられた特権と見なされた。こうした伝統はバビロンおよびアッシリアの支配者がその帝国内の遠隔地に産するめずらしい樹木、果樹、草花を植えて名園を造り、このようなものさえ遠方から運び込める力を誇示し、そうした植物の原産地を含むさまざまな地域を統治していることを知らしめた時代にまで遡る。以来、極上の果実であふれる大庭園を維持することは王族、王侯の最大の贅沢《ぜいたく》であり、誇りと歓びの源、王室間の贈答および後援のネットワークにとっての貴重な必需品の供給源、さらには権勢を示すもの、支配者間の競争の手段であり続けた。

それでも果実、とりわけオレンジで有名だったスペインの王宮庭園をもってしても、パイナップ

ガリオン船のタペストリー。16世紀。スペイン、セビリアのアルカサル宮殿。右上端の果実の中にパイナップルが見える。

ルの生育地とはならなかった。屋外庭園では——というよりヨーロッパのどの地にあっても——パイナップルは成長しなかった。パイナップルの成長には1年を通して熱帯地域のように温暖であることが必要だった。パイナップルの熱烈な崇拝者ゴンザロ・フェルナンデス・オビエド・イ・ヴァルデスは悲しげに以下のように記した。

この果実は当地や、スペインほど涼しくはない地でしか育たない……いくつかを船に積み込んでみたが、航海が予定より短くなることはなかったから、遅れが出れば出るほど、失われていった——腐ってしまった。芽を積み込んだこと「挿し木用と思われる」もあったが、それもだめだった。[2]

しばらくは、カトリック両王はじめ王族も黄金、銀、ブラジルボク、コチニール、砂糖、真珠、宝石などの貴重な品々、そしてたまに届くパイナップル（完璧な状態ではなかったが、入手できた最上流階層からは絶賛された）を積み込んで新世界から戻ってくる船団に満足するほかなかったが、彼らはパイナップルこそ自分たちに帰属すべきものだと考えた。というのも危険を冒し、莫大な費用をかけてはるかな遠隔地から届けられるばかりでなく、その果実はまさに王者の威厳を具現していると思われたからだ。フランス人内科医ピエール・ポメの『薬の歴史大全 *Compleat History of Drugs*』に記されているように、パイナップルがそのように思われたのはまちがいではなかった。

「パイナップルが」果実の王《キング・オブ・フルーツ》である理由は、この地上に存在するすべての中で最高にして最上だからである。この理由で王の中の王《キング・オブ・キングズ》はその頭上に冠をつけてきた。それこそが王位にあることの欠くべからざるしるしなのだ。(3)

サー・ウォルター・ローリーは自らの新世界への探検についての最初の記述の中で、王室に対する如才なさを示し、パイナップルを果実の王女《プリンセス・オブ・フルーツ》と記すことでエリザベス1世に敬意を表した。(4)「王」という言葉が使えなかったこともあるが、一国の女王を未開の地の果実にたとえるなどとは不敬《ふけい》だと思ったのだろう。

16世紀を通して、大西洋の向こうの地（そこではもっとも貧しい被統治者、さらには奴隷さえ、本国の王や王子、金持ちのテーブルにのせられることがないほどみずみずしく熟れたパイナップルを食べているとされた）から、忘我の境地でパイナップルを賛美する報告が続々と寄せられた。熱帯ではパイナップルと砂糖（パイナップルの甘さを高めるばかりでなく、パイナップルの保存にも有効だった）の相性のよさがすでに注目されていて、1550年代後半には西インド諸島からヨーロッパに保存加工されたパイナップルが積みだされていた。それでも生パイナップルとなると、報告を見聞きするだけで気が揉めるほどであり、輸入パイナップルは王族を魅了し続けた。

●英国のパイナップル

パイナップルは1625年に英国王ジェームズ1世に贈られたと言われているが、そのような記録は残っていない。それでも報じられているところによれば「それはほんとうに風味豊かな果実で、ジェームズ王はエバがアダムをだますのに使ったリンゴとはこれにちがいないと思うと言った[5]」とされている。

英国人日記作家で、植物学者でもあった廷臣ジョン・エヴァリンは1661年8月9日に「有名なクイーン（種）パインがバルバドス島から持ち込まれ、国王陛下に贈呈されるのを見た」と記している。贈呈したのはバルバドス島（英国が当時、アメリカに持っていたもっとも豊かな領土）に関心を示す一団で、彼らは自らが扱う砂糖のためにさらに有利な取引条件を求めていた。一団はいくらでも注ぎ込める莫大な富で、国王の歓心と後ろ盾をもっとも得られそうな贈り物として、金銀の食器でも黄金でもなく、パイナップルを選んだ――それは実際、的を射た選択となった。
英国王室でパイナップルが再び目撃されたのはその7年後の1668年8月10日だった。今回は別品種の「キング」パイナップルで、フランス国王ルイ14世に遣わされた大使に敬意を表して国王が主催した豪華な晩餐会に供されたものだった。エヴァリンもその場に居合わせ、以下のように記している。

目の前の晩餐会で、バルバドス島および西インド諸島で生育するキングパインと呼ばれるめずらしい果実が国王のそばに立っている。これまで目にしたことのない品種だ。国王陛下がお切りになり、ご自身のプレートから、味わいなさいと一切れくださったが、私にはキャプテン・リゴンの歴史などに記述されているような言葉を尽くした絶妙の味とは言えないような気がする。おそらく、いや絶対に絶妙の味だったはずだが、遠路はるばる運ばれてきたせいで味が損なわれたのか。

パイナップルは英国王室を描いた風変わりな絵のテーマともなっている。それはホワイトホールでの晩餐会の2年後の作品で、そこには片膝を折ってチャールズ2世にパイナップルを捧げる王室庭園師が描かれていて、このパイナップルは初めて英国で栽培されたパイナップルだと長く信じられてきた。

ヘンドリク・ダンカーツ（1625～1680年頃）の作品と思われる。おかかえの庭園師ジョン・ローズが、バークシャーのドーニーコートで、英国で初めて栽培されたと見られるパイナップルをチャールズ2世に差しだしている。カンバスに油彩。

とはいえ当時、英国でパイナップル栽培が成功していたという証拠はどこにもない。そこで、この絵はふた通りに解釈されている。ひとつは、その庭園師ジョン・ローズは当時、国王の愛人のひとりだったクリーヴランド公爵夫人の一家に雇われていて、スキャンダルを好む人々によれば、この甘美な果実こそが夫人を表している――そして夫人は国王への捧げ物であり、国王も愛をこめて彼女を「わがパイナップル」と呼びかけたとする解釈。もうひとつは――さらに想像力に欠けるが――パイナップルは輸入されて贈られたものであり、絵はそのような贈答品によって喚起されるものめずらしさと価値、そして未だ満たされていない欲求の証《あかし》であるとする解釈だ。

パイナップルの評判と、その風味をめぐって好奇心を満足させることの困難さには隔《へだ》たりがあり、真剣にものを考えようとする人々によって知識というものの本質が問い直されるところとなった。1690年に出版された『人間悟性論』の中で、経験主義的哲学者ジョン・ロックはパイナップルを引き合いにだし、真の知識は唯一経験に基づくと主張した。ロックの言葉は以下のとおり。

これを疑うなら、パイナップルを一度も食べたことのない人に、その果実がどのような味がするかを言葉で説明できるかどうか試してみるといい。記憶にある別のものの味と似ていると言われれば、相手は——口にしたことのある別のものによって記憶にきざみこまれている味から——パイナップルの味の理解に近づけるかもしれない。それでもそうしてみたところで、パイナップルの味の定義を伝えたことにはならず、パイナップルの真の味とは異なるわかりやすい味を相手に呼び起こさせただけだ(6)。

パイナップルについての熱のこもった報告は新世界から引きも切らず届いたが、英国人リチャード・リゴンは大勢の人に代わって嘆いた。

どのようにすればこの果実を英国にもたらすことができるのか、私は多くを思いめぐらせてきた。けれども私自身どうにも納得できない……バルバドス島から持ってくることは不可能だ……成長段階の異なるパイナップル17個を積み込んだが、すべて半分の道のりも来ないうちに腐敗してしまった。(7)

●オランダのパイナップル

大きな欲求に突き動かされ——困難さにも、理性そして自然そのものにも逆らって——ヨーロッパでこの熱帯性果実を栽培するという決断がなされた。主導したのは一大商船隊、新世界および遠隔地の植民地、新興の植物学との連携、熱帯植物への強い関心、輸入贅沢品への欲求そして植物マニアの取り込み、これらすべてを備えたオランダだった。

17世紀前半、オランダでは「チューリップ熱」が高まり、めずらしい球根に財産が注ぎ込まれ、それによって勝ち組も負け組も生じていた。そして、高度の技術と競争力をもった庭園師（生育条件を最適化するために庭園の植物の成長を調節したり、交配したりするという専門技術に精通する）たちのコミュニティが生まれた。この頃になると、パイナップルの成長原理は十分に知られていて、最初の探検家たちが報告したように、パイナップルはほぼ人の手を必要としないと思われた。つまり、針のように先の尖った葉の中心から伸びた茎1本に、10か月から1年ほどで1個の果実が結実するから、熟したら果実を茎から離し、上部の冠芽《かんが》［パイナップル上部の葉の部分］も切り落とし、切り落とした冠芽を5～6センチほどの深さの地面に半分ほど土をかぶせて放置する――そうすることで、新たなパイナップルの芽が、ほとんど自力で育つと考えられたのである。

ヨーロッパではこの栽培方法は現実的ではなかったが、パイナップルには新芽あるいは裔芽《えいが》［実をつける茎につくパイナップルの実を小さくしたイボのように見える芽株］（オランダ人はこれをつけさせるのに苦労した）と呼ばれるものもついた。そこで、この芽を成長させる方法の発見が期待された。

アグネス・ブロックは裕福なオランダ人園芸家で、1687年頃ヴェイヴェルホフにある自身の地所で初めてパイナップルをヨーロッパで結実させた人物だとされている。彼女が使ったのは熱帯および亜熱帯植物がオレンジ公ウィリアムの助成のもと見事に集められたライデンの園芸庭園でついた裔芽だった。伝えられるところによれば、オランダのライデンから航海に出る船の船長は誰もが、どのようなときにも可能なかぎり、種子と植物を手に入れることを指示されていたという。その成功を記すために誇り高きブロックは「技術を磨き、努力を積めば、自然がなし得ないことも人の手で可能となる」ときざまれたメダルを作らせたばかりか、パイナップルを育てた庭園でパイナップルをもつ彼女自身を描かせてもいる。

ブロックの功績は大きいが、描かれたのは緑がかった小さいパイナップルが1個だけだったから、大規模栽培が実現されるには加温施設の発達を待たなければならなかった――その後、ほどなくアムステルダムの植物園およびロンドンのチェルシー薬草園内にそれぞれ温室が建設されて大規模栽培の夢は実現した。英国での屋内栽培は王室の声がかりで、つまりウィリアム3世として王位に就いたオレンジ公ウィリアムがロンドンのハンプトンコート（宮殿）に温室を建設し、オランダから外来種植物を取り寄せてそこに収めるよう命じて弾みがついた。オランダは、先頭に立って、温室および屋内ガーデニング（莫大な費用をかけて巧みに温度を維持する）を計画したり活用したりしながら、これを王族、貴族、上流階層さらには新興の富裕商人、専門家のための事業とした。

こうして裔芽からパイナップルを栽培する技術が完成した。ヨーロッパのエリート層はおかかえの庭園師をオランダに派遣して栽培技術や温室の構造を学ばせ、オランダのパイナップルを——裔芽ではなく冠芽が成長してきている苗木を——購入させた。そうすることで、新たに建設される自らの温室でパイナップルが熟することを期待したのだった。

●温室栽培競争

温室は、当時の技術の粋を集めたものだった。寒い地域にあって熱帯に似せようと、温室にはいくつもの加温装置、複雑な送気管、床下炉、加温された棚台などが設備され、そうした設備は普通の庭園師ではなく、熟練の技師、大工、苗木・養樹職人によって維持管理された。こうした独自の構造は専門技術と相まって——オレンジの木のためのオレンジ園（オランジェリー）、パイナップルの木のためのパイナップル園（パイナリー）がよく知られているが——すぐさま進化していった。「パイナップル・ピット」はその内部をレンガで覆い、大量の真新しい馬糞と砕いた鞣《なめ》し用の樹皮を敷きつめた温室で、通気のために取り外し可能で光沢性ある保護カバーがついていた。堆肥化の仕組みを利用して熱を生じさせるこのタイプの温室はパイナップルの若芽のための温床となったが、内部温度を高く保つには、馬糞と細かい樹皮を定期的に入れ換えなければならなかった。馬糞の中に入れられたパイナップルの鉢はひとつひとつ取りだされては余分の水分を切られ、鉢の向きを変えられ、また馬糞の中に押し込まれ、生温かい水を散布された。つまり信じがたいほど甘やかせて育てるのが一般的だった。

栽培技術にかけてはオランダが先進的だったが、イギリスもフランスも取り憑かれたかのようにパイナップル栽培に夢中になった。イギリスでは、温室で実らせる（実る保証はなかったが）ために持ち込まれたパイナップルの幼木の値段は4～5シリングだった。一般労働者が年間に15ポンド稼げれば運がいいとされた時代に、である［1ポンド＝20シリング］。[8]

それほど申し分のない環境にあっても、この方法で育てられたパイナップルが成長して実を結ぶのに2年以上の（熱帯で実をつけるより）長い歳月がかかった。パイナップルの成長にかかる費用、温室の維持管理費、そのための人件費など、桁外れの散財はステータスシンボルであり、欲求の対象としてのパイナップルの評判をますます高める結果となった。ところが、熱帯の植民地からは、パイナップルが有り余り、価値あるものとは見なされないという耳障りな報告も届いていた。南アメリカ北東部のオランダ領スリナムでは、人の手をかけるまでもなく、短期間で大量に実をつける別種が生育していて「多くの農園ではブタに食べさせるのが普通」[9]だった。西アフリカ西部のシエ

マリア・ジビーラ・メーリアン「パイナップルと昆虫」。1701 ～ 05年頃。水彩。

ラレオネ、台湾ではパイナップルは道端に自生し、スリランカでは見事なパイナップルを1ペニー以下で買うことができた(10)。

めずらしい植物を集めて自然史への関心を示すことは——美術品や骨董品《こっとうひん》のコレクションと同じで——男女の別なく、貴族や金持ちにふさわしい楽しみと見なされた。新世界の探検は世界が珍奇なものの陳列棚であることを示していた。そこには極彩色の羽をもった蝶、派手な模様のイモムシが生息し、目を見張るほど美しい花が咲き、そして何より、1703年頃にマリア・ジビーラ・メーリアンによって描かれたようなパイナップルの果実があった。

エリートの間ではパイナップル栽培への関心が熱狂的に高まり、その分、競争も激化した。才能ある園芸家は莫大な謝礼を要求できるようになり、パイナップルの苗木は仲間内で売買されたり、ライバルから盗まれたりした。賄賂《わいろ》行為、園芸界の秘密主義と妨害行為も日常茶飯事となった。

温室訪問は認められても——一級品のモモやプラムの場合とは異なり——栽培中のパイナップルが屋外に展示されることはなかった。そこで宮殿や大邸宅を取り巻く庭園や公園には、風変わりな果実が登場することになった。大小の石のパイナップルだ。建物の正面や温室の屋根を飾る彫像になったり、専門業者によって樹木がパイナップルの形に刈り込まれたトピアリー［装飾的に刈り込まれた低木や樹木］になったりしたが、いずれも宮殿や豪邸の持ち主がこの王の果実《キングリー・フルーツ》と関わりがあることを物語っていた。

◉フランスのパイナップル

フランスでも——ヴェルサイユ宮殿の見事に形作られた庭園に見られるように、自然に秩序を強いることを好む国民性と完全に合致して——外来種を栽培や装飾のために移植する外来植物熱が同じように高まっていた。この地では1660年代初めから太陽王ルイ14世（1638～1715）が建築家、土木技師、芸術家、園芸家、庭園師からなる一団を配し——古代アッシリア王がおこなったように——庭園を造って壮大な政治的メッセージを伝えた。そこに造られた広い通路、装飾的な花壇、彫像、グロット（洞窟）、テラス、噴水、水路は見る者を唖然とさせ、廷臣たちは国王好みのこの庭園を好んで散歩した。また、外国からの訪問者はこの庭園によってフラン

石のパイナップルの噴水——富と贅沢のしるしであるパイナップルは建築デザインや室内装飾のモチーフとしても好まれた。

スの国力と威厳を強く印象づけられた。国王はさらに公式の順路表を作って、お気に入りの訪問者や外国からの使者が庭園風景を満喫し、所々でもてなしも受けられるようはからったりもした。

7つの浴室からなる湯殿を出てオランジェリーの中央に進む。そして迷路《ラビリンス》のわきに出たら立ち止まってオレンジの木々と館をおもむろに眺める……さらに沼地《マレ》まで進む。そこには果実と氷菓が置かれている。(11)

国王はポタジエ・ドゥ・ロワ（季節外れの果実と野菜で一杯の苗床と温室を備えた王族のための菜園）をことのほか自慢していた。というのも、その菜園こそが自ら自然界の園芸暦を征服し、美味なるもの、珍味なるものを食べたいというその欲求を満たしていることの証であると考えていたからだった。パイナップルの評判はすでに宮廷に届いていて、身分違いのため無冠ではあったが、若い頃にマルティニーク島でパイナップルを食べたことがあった王妃マントノン夫人はその味をアプリコットとメロンの中間のような味と評した。典拠は確かではないが、初めて生のパイナップルを贈られたルイ14世は食べてみたさのあまり、皮つきのままかじって唇を切ったとも言われている。

●砂糖とフルーツの饗宴

当時、砂糖も贅沢な食品のひとつだったが、その貴重な砂糖が前例のないほど供給されるように

蓋にパイナップルを模したつまみを付けたフランスの砂糖壺。18世紀後半。

なったこと、そして名家の温室が改良されていったことが結びついて、高級フランス料理の華《はな》ともされるフルーツ菓子が製造されるようになった。砂糖とフルーツを使って菓子を作ることは、多くの人々から調理技術の最高峰と見なされた。というのも、上流階層の食事の中でもデザートコースがもっとも費用のかかる部分だったからである。

一連のコースから成り立っていたルイ14世時代のヴェルサイユでの饗宴では、コースの最後であるデザートが重要視されるあまり、食事とは別の部屋で供されたほどであり、そこには生の果実、砂糖をまぶした果実、砂糖でできた彫像、ウエハース、マカロン、マーチパン（すりつぶしたアーモンドに砂糖を加えて煮つめ、練りあげて着色した菓子）、メレンゲ菓子が、これでもかとばかりにピラミッド形に高々と積み上げられたり、板絵ふうに並べられたりした。招待客たちはその周囲を称賛しながらまずひとめぐりし、そののち砂糖

ジャン・レポートル「スイーツが盛られたヴェルサイユ宮殿のバンケット・テーブル」1668年7月18日。版画。

をまぶしたプラム、ほんの少しラズベリーを混ぜ入れたカラントの砂糖づけ、カラメルチェリー、イチジクのパスティーユ（飴）、セイヨウスグリのゼリーなどを取って食した。

「饗宴《バンケット》」という言葉は今では豪華な食事全体をイメージさせるが、実のところ、かつて「果実の饗宴《フルーツバンケット》」と呼ばれたこのようなデザートコースに由来している。現代の味覚はチョコレートに圧倒的に支配されているから、過去において果実をベースにした菓子がそれほど珍重されたことも、気が遠くなるほど費用のかかる温室栽培の果実や砂糖を使ったスイーツが黄金にも匹敵すると見なされていたことも、今となっては想像しがたいが、コンフィチュール（ジャム）などがボウルに入れて供され、スプーンで一杯ずつ口に運ばれていたのである。

もっとも稀少でもっとも費用のかさむ果実と

して、パイナップルはデザートコースに君臨したものの、もとよりそれは象徴でしかなかった。1702年には太陽王の庭園にもたらされたが、栽培が成功したかどうかはわかっていない。先に述べたとおり、フランス国内では、体裁よく飾り切りされたパイナップルが糖菓ピラミッドの頂点を飾り、砂糖で作られたパイナップルがデザートテーブルの主役として供された一方で、パイナップル栽培への努力も続けられていた。

また、植民地から運び込まれる保存加工されたパイナップルが、国王の好物であるアイスクリーム、シャーベットというもっとも見栄えのする王宮デザートに活用され、このデザートでヴェルサイユは名を上げもした。アイスクリームとパイナップルの組み合わせは贅沢中の贅沢であり、それだからこそパイナップルアイスクリームは国王のための完璧なデザートとなり得た。

ヴェルサイユで屋内のパイナップル栽培が初めて成功したのはルイ14世から王位を継承したルイ15世（1710〜1774）の時代となってからだ。素晴らしくゴシップにあふれた大衆的博物学史を記したプルーシェ神父は、国王が2本の吸芽《きゅうが》［パイナップルの幹の下のほうで成長した葉の部分］を受け取ったことを以下のように述べている。

そのとき2本はほとんど萎《しな》びていて、根もなかったが、芯の部分はしっかりしていた。たまたま芽吹いたもので、つけた果実も完熟には至らなかった。それでも他のパイナップルのように腐敗することも危険な状態に負けることもなく、1733年に2本の吸芽がふたつのパイナッ

アルバト・エクハウト「スイカ、パイナップルなどの果物の静物」。1640年頃。カンバスに油彩。

プルを実らせた(12)。

国王がふたつのパイナップルを受け取った12月28日は記録に値する日である。ひとつは、国王が食してそのおいしさを実感した日として。もうひとつは、国王が分け合うにふさわしいと思う人たちに切り分けられ、口にした誰もが見事な風味と声をそろえた日としてである。ヴェルサイユに造られたオランダ式温室には800種の植物を収めることができた。貴族階層はパイナップル栽培に着手し、フランス中の城に——英国の大私有地においてと同様——温室が設けられていった。

こうしてパイナップルはデザートのレパートリーにしっかり組み込まれるようになった。糖果製造業者もすでに砂糖の煮詰め方、つまり糸状、粒状、シャボン玉状にしたり、ふんわりさせたり、パリパリにしたり、黄金色にしたりといった技法をいくつかマスターしていたから——さまざまに加工された砂糖とそれぞれのフルーツを生かす技法を駆使して——パイナップルを王室好みのスイーツに変えていった。ルイ15世が無類のデザート好きだったこともあり、パイナップルが実際にどのように生かされるか、王室あげての熱い期待が寄せられたのである。

この頃、新しい愛人を求めて止まない国王はある既婚平民女性(のちにポンパドゥール夫人として知られることになる)に心惹かれていたが、油断のならない視線にさらされつつ件《くだん》の女性と親しくなるにはどうすればよいかという難題をかかえていた。その機会をもたらしたのが1745年のドフィーネ(フランス王太子の称号)の結婚式で、国王は一大仮装舞踏会を手配し、意中の女性（羊飼いに扮していた）を含むすべての招待客が揃ったところで、仲間とともに――全員が頭のてっぺんからつま先まで同じ扮装で、パイナップルの形に整えたイチイの木となって――登場した。イチイの木立の1本に扮した国王は、こうして羊飼いと親しくなった。ポンパドゥール夫人はほどなく愛人となり、その後ずっとパイナップルを好み続けた。(13)

◉パイナップル熱

話を英国に戻そう。パイナップル熱は、温室の温度さながら下がることを知らず、熱にまつわる言い回しが普通の会話の中でも聞かれた――たとえばダンスパーティでくたくたになったときのことが「パイナップル暖気《ヒート》以上にヒートして気分が悪くなって、もうぐったり。いとま乞いをしたほどさ」(14)などと話されたりした。

1760年代になると、ポートランド公爵、ロスチャイルド男爵夫人、さらにはハートフォード侯爵などのおかかえ庭園師によって記されたパイナップルに関する専門書が出版されるようになった。こうした専門書は結果的に、さまざまな種類の土壌と堆肥の比較や、競合する加温装置やピットのデザインについて、あるいは温風暖房と温水暖房のそれぞれの利点について、さらには鉢に入ったパイナップル苗はしばらくしてから屋内の苗床に移植したほうがよいのか、鉢のサイズは季節ごとに変えるほうがよいのかなど、折《おり》からの議論を激化させた。

オックスフォード大学は立派な温室をその植物園に建設し、パイナップルを「完熟に至らせた」。

アナナス（パイナップル）栽培で名高いウェイブリッジの庭園師ヘンリー・スコットのトレードカード。1754年。

「美食大食漢」——太った男性がロブスターやパイナップルなどご馳走に囲まれているところを描いたドイツの風刺版画。1815～20年頃。

パイナップル熱がその頂点にあった頃には、パイナップル1個を温室で完熟させるにはおよそ80ポンド、現在のポンドに換算して1890ポンド、ドルにして3000ドル必要だったとされる。[15]

当然ながら、批評家たちはパイナップルを社会の不公平さと美食大食を体現するものと見なし、空腹をかかえる大勢の人間を尻目に莫大な費用をかけて栽培される贅沢な果実だとして非難した。

◉パイナップル狂躁曲

惜しみない努力と費用がその栽培に注ぎ込まれているにもかかわらず、パイナップルは依然としてどこか謎めいた食材であるため、味よりは姿かたちと評判のほうで広く知られていった。

上：スタッフォードシャーのパイナップル・ウエア。トマス・ウィールドン窯業工場の製品と思われる。1760年頃。

下：「フルーツ陳列台」。温室栽培果実や正面高くにのせられたパイナップルで飾り付けた女性のヘアスタイルを描いた風刺版画。1777年頃。

パイナップルは哲学者を悩ませ続けもした。デヴィッド・ヒュームは「われわれは、実際に味わったことがなければ、パイナップルというものの概念ひとつ形づくることはできない[16]」と述べている。とはいえ大部分の人のパイナップルへの関心はもっと俗っぽいものだった。その独特の外見のせいで、パイナップルはすんなり富と驕奢《きようしや》［おごっていて贅沢なこと］と南国情緒の象徴となった。

石のパイナップルやパイナップルのトピアリーが風景の一部となったように、パイナップルは室内装飾としてもあちこちに現れた。家具からはパイナップルのフィニアル［先端や頂上につけられる飾り］が生えるようになり、木材部分にはその姿がきざまれてぴかぴかの鏡やドアに箔を付けた。さらにはティーポットや茶筒、クリーマー、蜂蜜やジャムの瓶、デザート皿、ゼリーやバターの抜き型、銀食器にもパイナップルが育った。また壁紙、布地、かぎ編みやレース編みにもパイナップルがモチーフとなって登場した。

デコレーションとしてのパイナップルは当時の凝ったヘアスタイルにも採用された。その身分を誇示するかのように高々と結い上げたヘアスタイルがそれである。文化人類学者で食物史研究家でもあるソフィー・コウの言葉にあるように、「パイナップルは単に果実のひとつではなく、貴族階層が際立たせたいと思うすべてを象徴するものとなった[17]」のだった。このように、パイナップルは社会的野望をいだくあらゆる人によって可能な限りの手法で取り上げられていった。

パイナップルが温室栽培で首尾よく実を結ぶと、果実を誇示して地位を高めるべきか、食して好奇心を満足させるべきか、むずかしい選択に迫られた。両方が選択される場合もあったが、自らのパイナップルを手にした人々は大晩餐会の場でふんだんに用意された料理の中にそれを配して見せつけたのち、切り分けて招待客に手渡した――それゆえパイナップルは豪華なもてなしのシンボルとなった。金持ちはパイナップルを購入してホストとしての名声を高め、劇作家はパイナップルを利用して上流社会を皮肉った。リチャード・ブリンズリー・シェリダンはその作品『恋がたき *The Rivals*』の中で、マラプロップ夫人を「上品さの極致《ピナクル》」と言おうとして「上品さの（まさに）パイナップル」と言い間違える人物として描いている。

パイナップルを自身で栽培したり購入したりはできないが、それでも強くアピールしたいと望む人たちは――陶磁器や銀食器を借り出すように――そのもてなしの間パイナップルを借り受けた。味覚を満足させるためには、高級菓子店にパイナップルを使ったスイーツを注文して招待客に供した。大都市では、自国の植民地から大量に供給される砂糖を使って菓子を製造する高級菓子店が誕生していたのである。

ロンドンでもっとも有名だった菓子職人ドメニコ・ネグリは、1760年代にバークリースクエアにパイナップルの看板のある店を開いた。のちのガンターズ（ティーアイスクリーム、ジンジャーウォーター・アイス、パイナップルアイスクリームなど氷菓で有名な高級ティーショップ）の設立である。ネグリの店で働いていた熟練菓子職人フレデリック・ナットによって考案されたパイナップルチップス、シロップ、アイスクリームのレシピは本書にも登場する。

パイナップル熱の中、王室はその主導権を握り続けた。ジョージ3世（1738〜1820）は、

修復されたロストガーデンズ・オブ・ヘリガン（コーンウォール州）で伝統的方法によって栽培されているパイナップル。

今ではアメリカ植民地を失った国王として記憶されているが、当時にあっては「農夫《ファーマー》ジョージ」として知られていた。というのもこの国王は――太平洋探検家であり博物学者でもあった友人ジョゼフ・バンクスに負けず劣らず――農業、作物学、さらには外来種植物に深い関心を持っていたからである。ジョージ3世のもと、ウィンザーの王室庭園は隆盛を極め、その大庭園にある4つの菜園（それぞれにパイナップル園〈パイナリー〉、ブドウ園〈ヴァイナリー〉、オレンジ園〈オランジェリー〉そして促成栽培室が設けられていた）[18]から果実がロンドンの各宮殿に届けられた。王室の温室で栽培された作物は――ウィンザー城で催されたジョージ王の晩餐会についての以下の新聞記事が示すとおり――豪勢なデザートコースで見事に誇示された。

砂糖菓子には随所に見事な飾り付けが施されていた。4フィート（約120センチ）ほどの寺院がいくつか作られ、各階が異なった甘い菓子でできていた。真似のできない味わいを備えた寺院の様式はさまざまで……そうしたデザートは、温室なるものにどれだけのことができるかといったことを示しているかのようであり、実際、加温技術があれば、この時季にもこれだけの果実の収穫が可能なのかと思わせて余りあるものがあった。そこには大量のパイナップル、さまざまな種類のイチゴ、モモ、ネクタリン、アプリコット、ケンティッシュからモレラに至る各種のチェリー、プラム、ラズベリーが、保存加工された最高級果実やシロップ漬け果実とともにあった。[19]

パイナップルが王室の贅沢の頂点を極めたのはジョージ3世の息子リージェント皇太子、のちのジョージ4世（1762〜1830）の時代だった。1821年のその戴冠式の晩餐（英国史上もっとも豪華なものだったとされる）には、品評会で受賞した10・5ポンド（約4・7キロ）のパイナップルが国王のためのご馳走の中に並んでいた。

リージェント皇太子と言えば思い出されるのが、誇示の時代の贅沢として名高い、海辺に建設された別荘ブライトン・パヴィリオンだ。外見は奇抜で、ムガール風のドームやらイスラム風の尖塔《せんとう》、パゴダやらが並び立ち、内部はけばけばしいほどに中国風に装飾され、壁、天井、天蓋《てんがい》、円柱には龍や火の鳥、奇妙な魚ばかりでなく竹、バナナ、パイナップルなどめずらしい植物が金色、銀色、

ジョン・エイガー。晩餐会が進行中のブライトン・パヴィリオン（1824年）の晩餐会用広間を手塗りの版画で描いたもの。内装イメージとメニューにパイナップルが現れている。

極彩色の朱色、黄色、空色、翡翠《ひすい》色などで描かれ、晩餐用大広間の高い天井からは絹製のランタン、クリスタル製のシャンデリアが吊り下げられていた。

リージェント皇太子は実に美食家で、別荘の1階部分の4分の1は、ペストリー［パン菓子］や砂糖菓子を作るための5つの部屋をはじめ、彼のためのキッチンと作業場に充てられていた。豪華絢爛な晩餐用大広間で催される饗宴は凝った趣向とその長さで知られる。ディナーは午後6時から数時間続き、40皿から70皿の料理が運ばれることもあった。[20]

正餐には一流フランス人シェフの存在が不可欠だった――当時リージェント皇太子のために腕をふるったシェフとしてもっともよく知られているのがマリー・アントワン・カレームで、彼こそが贅を極めた王室用パイナップルデザート、プディング・ド・アナナス・ア・ラ・ロワイヤルを作りだした人物だ。これは保存加工されたチェリー、ピスタチオ、西洋ナシ、パイナップル、ホイップクリームを混ぜ合わせて流し型の中で凍らせたもので、リージェント皇太子の嗜好にも、別荘の奇抜な造りにもぴったり合致する一品だった。

　こうしてパイナップルはヨーロッパにあって王の果実《フルーツ・オブ・キングズ》としての地位を確立したのだが、ここで一日、話を新世界に戻すことにする。そこでは、パイナップルがまったく異なった運命を辿っていた。

第2章◉パイナップル・マップ

◉プランテーション経済の誕生

1847年に記されたパイナップル栽培に関する専門書には以下のように記されている。

それはアメリカ、アフリカ、アジアの熱帯地方では自生している。伝えられるところによれば、地球上の上述地域の一番手アメリカ大陸で自生していたものが他地域に伝播したとされる。[1]

当時すでにパイナップルは地球上の広範囲に伝わっていた。ということは、パイナップルが伝えられた地域がわかる「パイナップル・マップ」を作れば、それは探検と帝国の歴史の地図と重なるはずである。

英国の初期の探検――サー・ウォルター・ローリーの紋章が描かれた北米東海岸の地図。ジョン・ホワイト作。1585～93年。ヴァージニア植民地でパイナップル栽培が試みられた。

パイナップルの発見そのものはいくつもの大航海の目的ではなかった。冒険がなされ、富が築かれたのも確かだが、そこにはもっと大きな構図があった。遠征―探検―搾取―富の蓄え―帝国という大きな流れがそれであり、その頂点で「プランテーション経済」が誕生した。ひとたび領土として宣言されると、新たに発見された地は植民地とされ、そこから生じる富・財産は本国に送られた。同一国に属する植民地のネットワークが一大帝国をなし、物資・文化が行き交い、帝国内での自給自足が――望みどおり――可能となった。

そもそも「プランテーション」という考えは植物ではなく人間に向けられていた。つまり新たな土地に入植者を

サトウキビとパイナップルが一緒に登場しているキューバの切手

「植え」つけ、輸出用作物の生産のために定住させることとして解釈されていたのである。一部の植民地からは黄金、銀、香料が主に送りだされたが、やがてある作物に特化した農業プランテーション（サトウキビのプランテーションがもっともよく知られている）で集中的に栽培された作物が輸出されることが多くなった。

一般に、サトウキビがよく生育する地ではパイナップルもよく育つとされた（この結びつきはやがて運命の結婚へと進展する）。著名フードライターで美食家のアンドレ・シモンは以下のように記している。

完熟パイナップルは、調理も風味付けもなされなくても、熱帯および亜熱帯の国々で栽培されたデザート用果実として

最高級のものであり、腕によりをかけて作られたいかなるパイナップル料理もその自然の味わいに遠く及ばない。(2)

とはいえ、畑からもぎたてを持ってくることができない場合には、ほとんど常に砂糖と組み合わせて飲料にしたり、甘い食べ物に作り変えたりするしかなかった。

二度目の航海のとき、コロンブスは大勢の植民者を乗せていたばかりでなく、新世界で育てようと、多くの動物や植物、さらにはその種子をも積み込んでいた。一行が生活必需品だと考えていたもの(ワイン、ビスケット、ニンニク、ビネガー、チーズ)(3)の蓄えが次第に底をつき始め、連れてきた動物も持ってきた植物も十分に生育しないことがわかったとき、初期のスペイン人たちは先住民を頼って新鮮な食料を求めた。前述したパイナップルの崇拝者ゴンザロ・フェルナンデス・オビエド・イ・ヴァルデスは「キリスト教徒が未開の人々に混じってこれらの島々で生き延びられたのは、主としてパイナップルのおかげである(4)」としている。

新鮮な食料は当初こそ物々交換によって得られていたが、のちになると強制労働(ヨーロッパ人たちが自らの食料となるものの栽培を先住民に強いた)から得られるようになった。このパターンは熱帯地域、つまり主に中南米およびカリブ海の島々、のちにはさらなる遠隔地に存在したポルトガル、フランス、オランダ、英国の植民地でも繰り返された。

「アナナス」およびそこから派生した単語(南米の先住民トゥピ・グアラニ族の言葉で「パイナッ

プル」を指す）にはインディオの遺産——名前の中の亡霊——が生き続けているが、現在この果実はスペイン語を除くほとんどの言語そして英語で「パイナップル」と呼ばれ、スペイン語では——松かさに類似しているとされた最初の記述が反映されて——ピーニャと呼ばれている。ブラジルおよびポルトガルでは、同じくインディオの単語ながら、パイナップルの香りに言及する「アバカシ」が使われている。その香りも今では品種改良によってほとんど奪われてしまっているが、初期の探検家、旅行者は香りに言及している。以下はオリノコ川上流地域についてのドイツ人アレクサンダー・フォン・フンボルトの記述だ。

湿気を帯びた夕暮れの空気が、熟したアナナスの香りとともに、あたり一面に広く遠くまで漂っている。みずみずしい果汁に満ちたその果軸が低い草木の間に伸び、青みを帯びた緑色の王冠のような葉先の下のほうに黄金色の果実が輝いているのが見える。

●探検隊、パイナップルを世界に伝える

食料となる現地産の植物は植民地への定住と、新たな領土発見に向かうために寄港する船に食料を供給するために必要だった。立ちふさがるような海洋ももはや障害とはならなかった。スペインおよびポルトガルによる探検隊の第一陣がパイナップルを世界中に伝えた。大切な積荷となってヨー

ロッパの王宮や設備の整った温室に運ばれたパイナップルももちろんあったが、大部分はほとんど海図にも記されていない外洋を船で運ばれ、乗組員に必要不可欠な生鮮食料として、それなりに壊血病を防ぐ役割を果たした。

パイナップルが新世界をめぐった主な経路としては3つのルートが存在していた。ひとつは当時、帝国と貿易ネットワークを建設中だったポルトガル人によるルートだ。彼らは1505年にブラジルから大西洋に浮かぶセントヘレナ島に（そしてほどなく大西洋上の他の島々にも）、1548年頃にはマダガスカル島に、さらに1550年になると、南インド、さらにはポルトガル領マカオを経て中国にまでパイナップルを運んだ。その後1602年頃にはアフリカ西海岸のポルトガル領ギニア（西アフリカ全体にやがて波及する奴隷貿易の中心地だった）でもパイナップル栽培がおこなわれていた。

ふたつ目のルートは香料諸島（モルッカ諸島）をめぐって張り合っていたスペインとポルトガルによるルートで、どちらの国も西太平洋の島々に到着して、そこを起点にパイナップルを南太平洋に運んだ。

3つめはスペインによるルートで、これはメキシコのアカプルコとフィリピンのマニラを結ぶ有名な輸送路でもあった。1565年に始まる伝説的マニラ・ガリオン（アカプルコとマニラ間のガリオン船による交易）では、年に一度この航路を使ってメキシコの銀が運び込まれ、香料や絹といった東洋の産物がアメリカ大陸に送られていたが、パイナップルも一緒に運び込まれていた。ガ

WADERS.
They are soil slaves, in rank are lower than the Mooly Corawers, but the people of the high caste suppose that on seing their lamp turning light at night in their huts the whole success of the day next will succeed in good.

「ウェイダーズ（水の上を渡る人）」南インドのマラバル海岸のパイナップル。カンパニー・スタイル（東インド会社のために描いたインド人画家の一派による作品）。1850年頃。水彩。

リオン船の航路は巨大な目の形を描いていて、往路は北太平洋を横断し、帰路は風と波に乗って南に回り込むように赤道沿いを航行した。したがってガリオン船には見落としていたものがあった——目の中心部分にあたる当時まだ発見されていなかったハワイ諸島である。ハワイ諸島が完璧なパイナップルの故郷と見なされる日がいずれ来ることになるが、それはまだ2～3世紀先の話だ。

当時パイナップルが伝播していた地域と言えば、フィリピン諸島、1599年頃にはジャワ島、1637年にはシンガポール、1650年には台湾、1700年頃にはアッサム地方、ビルマ、タイといったところだった。それほど広範に植民地をかかえてはいなかったオランダは、1660年にジャワ島から喜望峰にパイナップルを伝えるにとどまった。(5)

移動することが時間を要する至難の行為であった時代に、それもコロンブスが最初にパイナップルを目にして200年ほどの間に、驚くべき速さでパイナップルは世界中の熱帯で見られる果実となった。計画的にプランテーションに移植されたものもあったが、多くの場合、破棄された冠芽部分が逞《たくま》しくもその場の土壌に根を張って自然になじみ、のちの旅行者が自生樹と見なすほど繁茂したのだった。

1656年、イエズス会士ミハル・ボイムは中国南部を訪れたが、当時すでにパイナップルはありきたりの果実となっていたため、『フローラ・シメンシス *Flora Simensis*』（中国の植物についてヨーロッパで最初に印刷された書）では「中国在来種」と記述している——この誤りのせいで、ボーヴェ（フランス）はじめヨーロッパ各地で、タペストリーとして芸術的な果実がエリート層のため

に作られ、中国産パイナップルの極めてロマンチックな収穫シーンが描かれることになった。(6)

生鮮果実として認められると、パイナップルはさまざまな料理に取り入れられ、新たに地元民となった人々の料理にも食材として使われるようになった。味覚的には、パイナップルが発揮したのは「甘酸っぱさ」(東南アジアの料理で極限まで高められていった)であり、世界中のメインディッシュ、ドリンク、デザートのみならず、サンバル(チリトウガラシや薬味で味付けした野菜、魚、ココナツなどを含む香辛料)、チャツネ(果実とハーブなど甘味と酸味が香辛料などとともに混ぜ込まれたソース)、シロップ、ビネガー、サルサにも幅広く活用されるようになった。また、食にとどまらず、新たな故郷の経済の一端を担ったりもしたが、これもまた先の話だ。そもそもパイナップルは眠っている人のように息をひそめ、(新世界で生じたように)加工技術が発達してもうひとまわり大きい舞台で活躍できる日を待っていたのである。

●別格だった愛され方

話を新世界に戻そう。奇妙なことだが――新世界の植民地化に関する今日のヨーロッパ側の説明には、まちがいなく、食べ物をめぐるある偏見が一貫して底に流れているにもかかわらず――ほとんどの近代史が、その特徴として、発見の時代の食料補給という大問題を無視している。初期の探検家、植民者は母国の食べ物を懐かしんだばかりでなく、食料の蓄えが底をつくのではないか、新たな蓄えを積んだ船はいつ到着するのかなどと絶えず心配を口にしたり、手紙に書いたりしている

が、その話題の中心は植民地原産の食料がどれほど嫌なもの、怖ろしいものであるかということだった。(7)

カリブ海やブラジルではキャッサバ（マニオックとも呼ばれる）が基本食料だったが、それは手間暇かけて処理が施されないかぎり、毒性を持っていた。メキシコではトウガラシが桁外れに辛いし、トウモロコシは石灰（水）処理をしなければならなかったり、食べるまえに醱酵させる必要があったりした。ペルーでは、最初の頃にはさまざまな種類のイモ類が食用にはならないと思われていたし、ヨーロッパ人がそれまで見たことも食べたこともない鳥、魚、哺乳動物、植物、昆虫――たとえばアルマジロ、ヘビ、イグアナ、アメンボ、クイ（モルモット）――が至るところで食されていた。

初めてチョコレートを見たヨーロッパ人に、それを飲む勇気はなかった。未知の食べ物への嫌悪感はさておいても、探検家も植民者も健康を損ねることを、さらにはヨーロッパ人としてのアイデンティティとその特性が奪われて先住民のようになってしまうことを恐れたのだ。コロンブスの部下もアステカ帝国を倒したエルナン・コルテス（１４８５〜１５４７）の部下も、それぞれ指揮官からの無理強いがなければ、インディオの食料を食べなかったと思われる。

コルテスのもとで戦ったベナール・ディアス・デル・カステーリョなどはそうした食料に不満たらたらで、以下のように記している――「トウモロコシ菓子、トウガラシ、ツナサボテンの果実、それに薬草、これらはすべてわれわれの不幸の種(8)」。ただしディアスは、先住民の部族長が主催した晩餐の席上で――このときスペイン人は初めてモンテスマ2世［アステカ第9代君主］の名とその権勢を耳にした――「さまざまな地元のニワトリ」とパイナップルが供されていたという称賛まじりの記録も残している(9)。

すべての目新しい食べ物、果実の中で、ヨーロッパ人の誰からも称賛を浴びたのはパイナップルだけだった。カリブ海の初期の植民者がパイナップルを手にしたときのうれしさを記したのは英国人リチャード・リゴンだ。

収穫するときには、摑むために花軸を少し残す。食べるときには、あとで植えるために冠芽を切り取ってからナイフで外皮を削ぎ落とす。その外皮は装飾品のようで、果実から剝ぎ取ってしまうには惜しいほど美しい。いや、果実が蓄えている素晴らしい中身を楽しむためでなければ、そのようなことは到底しないだろう。これは、宝物さえ入っていなければそのままにしておきたいと思うほど美しい飾り戸棚を、盗人がこわすときの気持ちに似ている(10)。

「ぴりっとした酸っぱさと甘さの極致（ここにこそあらゆる極上の果実のおいしさと風味が存在する）の中間」とリゴンが記した味わいに加えて、体調の悪さと消化不良に絶えず悩まされていた植民者は、パイナップルはインディオの間で長く伝えられていることをほどなく知った。

完熟パイナップルのスライス

［パイナップルは］素晴らしく英気を養い、元気を回復させ、気持ちを和ませる。さらには胃を強くし、むかつきを解消し、食欲を起こさせるばかりか、利尿剤、解毒剤としても有効である。(11)

◉植民地の食文化――ブラジル

植民者が新しい土地に落ち着くと「植民地料理」も生まれ、それにはパイナップルも一役買った。このような植民地の食文化は、各地域固有の風土や食べ物、そこにヨーロッパの動植物が生育しているかどうか、そして本国の文化によって異なるものになる。

ヨーロッパの料理が「現地化」した最

「レデ（ネット）」——ブラジル人男性がハンモックに座る白人女性を運び、後ろの女性がパイナップルの入ったバスケットを頭にのせてついていく。右の男性は刈り取ったサトウキビを運んいる。1821年。手塗りの版画。

たる例は、ポルトガルの植民地であるブラジルで見られる。ブラジルへのポルトガル人の植民は1531～32年にかけて、つまり本国の関心がアジアから大西洋へと移り始めた時期に本格的となった。植民が集中したのは北東部の熱帯地域で、そこではヨーロッパの作物は生育しないことがほどなくはっきりした。利益の大きい輸出品を生産することが急務だったが、黄金も銀も香料もなく、作物候補は砂糖だけだった。大西洋諸島原産のサトウキビはパイナップルが「発見」された1493年のコロンブスの航海で新世界にもたらされた植物のひとつであるが——ヨーロッパからもたらされた多くの植物には似ず——よく成長し、1516年頃には最初の砂糖がカリブ海のスペイン領サントドミンゴからヨーロッ

ウィリアム・ハヴェル。リオデジャネイロ、ブラガンサの海辺でバナナ、パイナップル、メロンを買う女性たちの光景。1827年。水彩。

パに輸出されるまでになった。[12] 価格も需要も高く、砂糖は今や植民地産の「食べる黄金」だった。

ブラジル北東部が砂糖生産の一大中心地となると、先住民の食文化および調理法が他のどこにおいてよりも頼みの綱とされた。というのもブラジル北東部は、サトウキビ畑で働く大勢の労働者（ヨーロッパ人、先住民、アフリカから連れてこられた奴隷）の胃袋を満たすはずのトウモロコシ、あるいはヨーロッパから持ち込まれた作物いずれの栽培にも適さず、主たる作物と言えばキャッサバくらいのものだったからだ。しかもそのキャッサバを加工できるのは先住民だけだった。

このことは当時ブラジル人のアイデンティティとプライドの拠りどころでもあった。先住民の調理人は地元の料理、地元の調理法、地元の食材とヨーロッパのそれらを混ぜ合わせた多国籍

（ときには無国籍）料理を考案し、さらにのちになると、そこにアフリカの要素までも取り入れた。

当時にあってはめずらしいことだが、ブラジル北東部のこうしたクレオール料理は下層社会のためだけではなく、豪邸に住んでいた貴族のためのものでもあった。ブラジル料理の華《はな》ともされる甘ったるいキャンディやケーキの誕生の影には、こうした大邸宅や砂糖工場の存在があったのである。(13)

ペルナンブコは最高級の砂糖を生産し、最高級のキャンディやケーキ（とことん甘い絶品がハンドメイドのペーパー・ドイリー［ドイリーは食卓などで使われる紙や布でできた小さな敷物］にきれいに並べて供された）が作られる地とされる。そこでは、きざまれたパイナップルが精製されたタピオカ（キャッサバの根から作った食用澱粉）で作ったミンガウ（タピオカを粥状にしたもの）と混ぜ合わされ、しっとりとろけるようなキャッサバ・ベースのパイナップルケーキに焼き上げられた。

ただし、最高の味はドセ・アバカシ・ペルナンブコに代表される北東部スタイルのスイーツだった。ドセ・アバカシ・ペルナンブコは、果汁ではち切れんばかりに熟したパイナップルの外皮を剝いて白ワインでゆでてから乾燥させ、煮立ったペルナンブコ・シュガーのシロップに手早く浸し、水分を切ってから切り分けたものだ。こうした砂糖菓子はヨーロッパのそれをそのまま真似たものではなかった。熱帯の強烈な暑気の中、食品は短時間で腐敗したから、ヨーロッパ人の到来やサトウキビの伝播以前から、先住民はヤシやサツマイモ、パイナップルから採った糖分や蜂蜜を使って果実を保存する方法を身につけていたのだった。

◉植民地の食文化——メキシコ

メキシコでは対照的に「征服者が植民者に変わると早々」[14]、初期の時代にはその必要性から取り入れられていた食文化が植民地の貴族階層によって退けられた。つまりチリ（シチュー）やコショウとハーブのソース、タマル（トウモロコシ粉を練って作った皮に香辛料やひき肉などを包み込んで蒸したもの）、さらには豆やトマト、スクワッシュ［ウリの仲間の野菜］、肉、魚、アボカド、燻《いぶ》したトウガラシなどを詰めたトルティーヤではなく、植民地のエリート層は——その階級的アイデンティティを強調する手段として——ヨーロッパ風あるいはかぎりなくそれに近い食べ物を求めた[15]。

現地産の食料のうち、猟で得られた獣肉、果実、大型種の鳥肉はヨーロッパ風に調理して供されることが可能だったので、エリート層にも受け入れられた。アステカ族は果実を好み、その甘さも酸っぱさも味わったから、両方の味を備えたものとしてパイナップルは重宝がられていた。その同じパイナップルが——生のままだったり、砂糖菓子になったりして——植民地の貴族のテーブルでも珍重されるという光栄に浴することになった。砂糖菓子は当時、食べる薬つまり体全体を浄化し、血液に刺激を与え、消化を助ける効力（いずれもパイナップルが備えている効能）があると見なされていた。砂糖はシロップ、果実の砂糖漬け、果実の砂糖煮といった形でもっぱら摂取され、パイナップルは先住民と新興のメスティーソ（インディオとの混血ヨーロッパ人、とくにスペイン・ポルトガル人）の料理に使われ続けた。

植民地時代の遺産——パイナップルなどのフルーツとともに供される中南米で人気のヨーロッパ風カスタードプリン

現在でもパイナップルはマンチャ・マンテレス・デ・セルド（豚肉と3種類のトウガラシ、トマト、パイナップルなどの果実から作られる「テーブルクロス汚し」の異名をもつシチュー[16]）や、鶏肉とトウガラシ、パイナップルを混ぜて作られ、今ではメキシコの一大パイナップル生産地となった州の名前を冠しているチキン・オアハカのような（再）創作料理に使われ、さらにはパイナップルサルサを包み込んだケサディーヤといった現代風メキシコ料理にも一役買っている。

◉植民地の食文化——南米スペイン領

パイナップルが使われた砂糖菓子はペルーを含む南米スペイン領に広まった。ペルーでパイナップルが生育するようになったのはスペイン人によってもたらされてからのことである。17世紀に記された以下のレシピを見ると、スペインの勢力範囲としての植民地ネットワークが浮かび上がる。つまり、アーモンド、レーズンはスペインから大西洋を越えて、シナモンはマニラ・ガリオン船で太平洋を越えてもたらされたと考えられるからだ。

ワヌコ［ペルー中部の都市］の修道女たちは風変わりな方法でパイナップルスイーツを作る。その方法は以下のとおり。まず洗う――酸味と粘りを除くために水の中で調理を始め――次に果肉の半分ほどまで中心部分を取り除く。取り除いた果肉をアーモンド、レーズン、シナモンと一緒にすり潰して、なめらかなフィリング［詰め物］を作る。取り除いた中心部分（あらかじめ砂糖処理しておく）にフィリングを詰め、そののち2度、3度と砂糖を詰め込む。そうすると1個あたり1キロから3キロ弱のもっともおいしいパイナップルスイーツが完成する。(17)

●植民地の食文化――カリブ海の島々

カリブ海の島々での砂糖生産がスペイン人による支配からフランス人、イギリス人の支配下に入って以降の植民地支配の時代、島々の先住民人口は激減し、あとにはほとんど何も残らなかった。わずかに残ったものといえば、彼らが好んだパイナップルの調理法、つまり直火でグリルする方法（初期のスペイン人にバルバコアと呼ばれたもので、現代のバーベキューの起源）くらいのものだった。

フランスは17世紀初めに、かつてコロンブスがパイナップルを「発見」したグアドループ島に、のちにはマルティニーク島にサトウキビ・プランテーションを建設した。英国にとって最初の本格的砂糖植民地であるバルバドス島は1627年から発展し始め、1655年にはジャマイカもスペイン領から英国領となった。このような砂糖植民地（の島々）に新たに建設されたサトウキビ・プランテーションでは、アフリカから連れてこられた奴隷が、その所有者である新興のエリート層の利益のために働かされた。エリート層の生活ぶりは誰もがうらやむようなもので、1740年にはある旅行家がスペイン人の町だったジャマイカから以下のように伝えている。

彼らは当地で実に面白おかしく暮らしている。ひっきりなしに行き交う立派な大型馬車の数には――それも個人所有のものだというから――驚くほかない。しょっちゅう舞踏会が催され、最近では芝居小屋も作られ、名優ぞろいの劇団がおかかえとなっている。要するに彼ら（エリート階層）は、英国の宮殿内で暮らしているかのように優雅な日々を過ごしている。(18)

カリブ海の植民地料理が誕生したのはサトウキビ・プランテーションの所有者の邸宅においてだった。ヨーロッパの食文化を維持したいという望みはあっても、ヨーロッパの作物がほとんど生育しないうえに、農園関係者の努力は砂糖生産に向けられ、作物の多様化など考えられない島々にあって、それは無理な注文というものだった。パイナップルは庭や狭い私有地、サトウキビが育たない

風刺版画。プランテーションのディナーのテーブルには葉巻、飲み物、パイナップルが並べられている。1802年。

土地で自家用に栽培されたり、野生のものが自生している程度であり、あくまでも砂糖が王様なのだった。

砂糖が常時手に入るようになると、熱帯果実とりわけパイナップルのコンフィチュール（ジャム）が製糖業の最初の副産物のひとつとなり、積送品《せきそうひん》とともに本国のエリート層の食卓へと送られた。また、島々でのフランス料理を英国風料理より手の込んだものにしようと試みられもしたが、結局のところ、どちらの料理にも現地産の食料が可能なかぎりヨーロッパ風に――アフリカ料理の要素も忍び込んできていたが――使われるにとどまった。

しかし少なくとも農園主にとっては、涼しいベランダ、ブーゲンビリアやハイビスカスが華やかに咲きそろう庭園、昼間のハイキング、そして夜ともなれば、そよ風を入れるために長く大きな窓が開け放たれた部屋での食事は、優雅なくつろぎの世界だった。

カリブ海の植民地での典型的ディナーは、ヨーロッパの伝統形式に則ってスープから始まるのが常だった。それから熱帯の魚（おそらくトビウオで、珍味と見なされていた）のコース、ローストしたバラ肉に――ヨーロッパの野菜ではなく――ヤムイモ、タロイモ、サツマイモやアボカド、パンノキの実などが添えられたものへと進み、デザートは通常、豊富な熱帯果実（パイナップル、グアバ、レイシ、バナナ、マンゴー、カラマンディンなど）で、蒸し暑さの中、元気を回復させるものとして大量に供された。

大邸宅とはあまりにかけ離れた粗末な小屋では、運のよいときには奴隷たちも――生のままだったり、直火でグリルしたり、漬け汁に漬けたりして――パイナップルを味わった。また、現地産のオールスパイスで風味をつけるまえの固い肉を果汁で柔らかくしたりもした。のちに「ジャーク（漬け汁で味付けをしてから直火で焼く）」として世に知られることになる方法である。

カリブ海のプランテーションを訪問することが冒険好きの名家の若者の一大国外旅行となった。1751〜52年にかけてバルバドス島を訪れ、「そこではこれまで見たことがないほど多くの果実がテーブルに並べられた」と日記に書いた若者がいた。「おいしい果物は数多い。けれどもパイナップル、カラマンディン、それにアボカド……これらほど私の味覚を楽しませてくれるものはない(19)」。この若者こそ、当時13あった北米の英国植民地の初代大統領となるジョージ・ワシントンだった。島での体験を忘れることがなかったワシントンは、38年後の大統領就任式のゲストのためにバルバ

上：植民地の定番料理——ライスにジャマイカン・ジャークチキンがのっている。パイナップルは鶏肉と一緒に料理されたり、サルサとして別に供されたり、マリネに使われたりする。

下：ヴィクター・ファッキーナ「ジョージ・ワシントン」。1930年。ドローイング。

ドス島産ラム酒一樽を準備するよう強く求めている。

●植民地の食文化——北アメリカ

北米では英国がすべての植民地国家の理想型《ポー・イデアル》を実現していて、旧世界の型板《テンプレート》を新世界、とりわけ気候の点で本国に極めて類似している北部の植民地に課していた。その地域には英国の動植物も食文化も首尾よく移され、熱心に維持された。南米のスペイン植民地においてと同様、北米でも当初は現地産の食料、先住民の支援に頼らなければならない時期があった。

しかし1620年にニューイングランド植民地マサチューセッツとなる地への最初の10年の植民期間のうちに、インディアンコーンとともにヨーロッパの穀物が植えられて以降、当時の英国の飲食物——シチュー、ポタージュスープ、プディング、ポリッジ、オートミール、およびそれらと一緒に食べるパン、正真正銘の英国果実（リンゴ、西洋ナシ、プラム、マルメロ、チェリー）——を再現することが可能となった(20)。本国から移されたのは動植物だけではなかった——階級制だ。そしてこの階級制は、ピューリタン的な北部とはあらゆる意味で遠く離れた南部に根づいて発展することになる。

英国が新世界で最初の植民を試みたのは1607年のことで、場所はヴァージニア植民地のジェームズタウンだった。亜熱帯に属し、湿度が高く、1619年にはサトウキビ栽培が試みられたが、失敗に終わった。パイナップル栽培も同様で、初期の入植者ウィリアム・ストレイチーは以下のように悲しげに報告している。「インディオのおいしいピナは砂地に根を張って頑張り続けた……しかし寒い冬と雑草にその息の根を止められた」。ヴァージニア植民地ではパイナップル栽培のための努力がさらに続けられたが、ことごとく失敗し、パイナップルへの欲求だけが膨らんでいった。

ヴァージニア植民地におけるパイナップル栽培は不首尾に終わったものの、プランテーション・システムは生き残った。広大な作地と奴隷を所有する農園主はタバコ（アメリカ初の莫大な富を稼ぎ出す農産物）で財を成した。ニューイングランドの文化は自作農《ヨーマン》と屈強な農夫のそれだったが、ヴァージニア文化（ジョージ・ワシントンを生み出した背景）は上品というか貴族的であり、たとえばパイナップルへの憧れを含め、あらゆる点で本国のエリート層の好みを再現したものだった。18世紀を通してヴァージニア官報は西インド諸島からの船の到着を定期的に報じていたが、1768年8月にはニュープロビデンス島からやってきた船に100ダースのパイナップルと3万個のライムが積まれていたと記している。[21]

ヴァージニア植民地ウィリアムズバーグの総督公邸にはヨーロッパの料理に勝るとも劣らない料理があり、当時の総督バロン・ドゥ・ボテトートのための1770年のコース料理では1個平均1シリング8ペンスのパイナップルが65個注文され、晩餐会の招待客に供された。若い職人が年間25～35ポンド稼ぐ時代――英貨1ポンドが20シリングの価値を持っていた時代である。[22]ボテトート総督はヴァージニア植民地の農園主と本国の関係を円滑にする責任を負っていたから、高価な歓待も戦略のうちだったのだろう。

パイナップルパイ——アメリカ植民地時代の人気料理の現代版

1953年のジョン・F・ケネディとジャクリーン・ブーヴィエの結婚式

パイナップルは食卓を華やかにするものとしても利用され、当時のレシピ集『トマス・ジェファーソンの料理手帖 *Thomas Jefferson's Cook Book*』に紹介されたパイナップルプディングはじめ、(パイナップル) パイ、タルトの材料として好まれた。また、英国においてと同様、パイナップルは室内装飾として家具、壁紙、織物、銀食器、陶磁器のデザインに取り入れられたり、大邸宅のディテール [「細部の収まり」を意味する建築用語] を飾ったりもした。今日でもヴァージニア植民地の中心都市だったウィリアムズバーグは見事なパイナップルを使ったクリスマス・ディスプレーやリース [花輪] で有名で、各地で模倣されているほどだ。

ニューイングランド植民地でも南部の植民地でも、パイナップルは――食べ物として、また高い地位を誇示するものとして――金持ちの卓上に登場し、この伝統はその後何世紀も続いた。「ワシントンで一番ハンサムな若き上院議員とワシントンで一番の知りたがり屋美人写真家」[23] つまりジョン・フィッツジェラルド・ケネディとジャクリーン・ブーヴィエが結婚したのは1953年のことだが、その年を代表するような上流階層のこの結婚式でも、高さ1メートル20センチほどの5段のウェディングケーキとともに、鶏肉のクリーム煮、バラの花に似せたアイスクリーム、そしてくり抜いたパイナップルに果物を盛り合わせたフルーツカップが昼食に供された。[24]

1774年、ジョージ・ワシントンが大晩餐会のために3ダースのパイナップルを西インド諸島に注文したが、彼は同じ生い立ちを持つ人々が自らを印象づけようとしてすること、つまり当時すでに定評のあった原産地からパイナップルを取り寄せるということをおこなったにすぎない。植

パイナップルを使った伝統的なクリスマス・リース。植民地時代のウィリアムズバーグで人気を集めた形で、ここでは花でパイナップルをかたどっている。

民地アメリカは17世紀に始まり、18世紀に発展した三角貿易（英国、アフリカ、西インド諸島を結ぶ）ルートの一部だった。完成した加工品が英国からアフリカに、奴隷がアフリカから植民地アメリカおよび西インド諸島に、そして熱帯の製品（基本的には砂糖だったが、ときには生パイナップルや保存加工されたパイナップルも含まれていたと思われる）が西インド諸島から英国に運ばれた。

とはいえ、この貿易にはもうひとつの流れもあった。それが植民地アメリカと西インド諸島の直接貿易ルートで、このルートによって植民地アメリカには大西洋を渡っていくパイナップルよりも状態のいい生パイナップルが届けられ——すべての人の手に渡るわけではなかったが——植民地の人々の目に映るパイナップルは究極の欲望の果実であり続けた。

◉アメリカ独立とパイナップル

アメリカ独立戦争［1775〜83年］の頃、パイナップルに思いもかけない新たな役割が与えられた。それまでパイナップルは——王の果実《フルーツ・オブ・キングズ》として——パイナップルの後援者とも言うべき国王、王妃からその取り巻きに至るまで、多くの王族とのつながりを深め、その葉は王冠に、そして「末裔」の芽で繁殖していくそのさまは王位継承の法秩序になぞらえられてきた。しかし民衆による独立を求めて戦ったこの時代、王室ともっとも縁のあった果実であるにもかかわらず、パイナップルは反旗を翻した植民者にとって新世界独立の象徴ともなった。アメリカ独立革命の詩人としても知られるフィリップ・フリノーの『サンタ・クルスの美しき人々 *The Beauties of Santa Cruz*』には

植民地時代のアメリカの建築物に表現されたパイナップル。庇（ひさし）にパイナップルをかたどった装飾がある（場所はマサチューセッツ州セーレムだと思われる）。

以下のような一節がある――

果実の王子、どこかの国の言葉では
アナナとか、うっとりさせるような風味のパイン、
そこでひとつになっている味わいと果汁とは
リンゴ、マルメロ、ピーチ、グレープ、ネクタリンのそれ。

この地で完熟し、その冠芽を広げる
王冠《ダイアデム》が守護者たる太陽に向かって

王冠《ダイアデム》が赤く燃えるような花をしたがえ、剣で武装し、自然が勝ち得た十字の基部から伸びだしている。(25)

パイナップルは、ここでは国王ではなく王子の称号を与えられ、新世界において望ましいすべてを体現するもの、旧世界の果実をしのぐもの、さらには――剣のような葉でパイナップルが自らを守るように――自分の力で新しく国を支配する者に当然与えられる権利として描かれている。

パイナップルをモチーフにした装飾が増えると、果実としてのパイナップルの需要も伸びた。独立戦争後――ワシントンもそのひとりだったが――裕福なアメリカ人の多くが英国式パイナップルの温室栽培を試みた。マウントバーノンの自宅にパイナップル園（パイナリー）を造ったワシ

壁飾りのパイナップルのポストカード。20世紀初頭。

ントンは英国王ジョージ3世がキュー・ガーデン（キュー王立植物園）やケンジントン宮殿のパイナリーでおこなっていたように、そこでパイナップルの成長ぶりを観察した。

一方フランスでは、フランス革命によって貴族によるパイナップル栽培は消滅した。フランス王室の（パイナップルへの）関心はブルボン王朝の復古によって蘇ることになるが、それに先んじてパイナップルを復権させた人物がいた――ナポレオンの最初の妻ジョセフィーヌ（フランス領西インド諸島マルティニーク島のサトウキビ・プランテーションで育った）で、彼女は自らの城マルメゾーンに加温設備付きの大きなパイナリーを造った。つまりこの時代では、国王、皇帝妃、大統領が――政治的、地理的に何ら結びつきはなかったが――パイナップルへの熱い思いという点でつながっていたのである。

第3章◉クイーン・パイナップル

◉フルーツの女王

英国では、パイナップルは魅力を発揮し続け、詩人チャールズ・ラム（1775～1834）は憶面もなく自らのパイナップルへの愛着を書き記した。

パイナップルというのはすごい。桁外れに魅力的で――罪つくりとは言わないまでも、歓喜をもたらすものだ。とはいっても、罪を犯すときのように、良心を備えた人であれば、用心深く思いとどまるはず――パイナップルはこの世で味わうにはあまりに魅惑的な風味……近づく唇を傷つけ、痛めつける、そう、愛人に唇を寄せたときのように、情熱と狂気の間で味わう痛みにも似た歓び(1)。

パイナップルのイメージは初期の頃の男性的イメージから、魅惑的な女性のイメージに変わりつつあり、ヴィクトリア女王の時代が到来すると、果実の女王《クイーン・オブ・フルーツ》と呼ばれることが多くなった。

コストはかかるが、需要は高いのでパイナップルを温室栽培するという文化は――工業技術の進歩、安価なガラスの登場、園芸技術の改良に支えられ――採算の取れる産業として確立し、パイナップルの温室栽培という大規模事業が、今や実業家たる養樹園所有者によって開始された。かつては貴族や上流階層にだけ提供されていたパイナップルが、ヴィクトリア女王の治世（１８３７〜１９０１）の特徴的存在とも言える新興中流階級にももたらされるようになった。

さらに、ヴィクトリア女王の時代には工業化というもうひとつの特徴があり、それは（万人の利益としての）科学的進歩に対する信頼となって現れていた。工業化は製造業と輸送業の分野で顕著に進行し、その両方がパイナップルの運命を変えることになった。帆船による輸送時間はすでに大幅に短縮されていたが、19世紀初頭に蒸気船が登場すると、パイナップルが大量に輸入されるようになった。結果としてパイナップルの一大市場が誕生し、パイナップル・プランテーションの興隆につながった。

カリブ海の初期のサトウキビ・プランテーションの所有者はすでに財を成していたものの、需要が安定せず、砂糖価格は下落し、とりわけ小さな島々での単一栽培の危うさを露呈していた。加えて奴隷制度が廃止され、砂糖生産に必要な労働力をそれまでのように大量に確保することができなくなった。ロンドンのタイムズ紙が評したように「奴隷制度が連想されたため、サトウキビ栽培に

パイナップルを見せるためのパイナップルスタンド（スポード焼）。1820年頃。緑で彩色、釉薬使用の骨灰磁器。中央の開口部にパイナップルの軸をのせる。

対する風当たりは強かった[2]」のである。

需要の落ち込み、価格の下落、そして労働力不足が重なって新たな換金作物が模索された。そこに自ずと浮上したのがパイナップルだった。ロンドンのモーニング・ポスト紙は、パイナップルについて「丈夫で、驚くほど繁殖力があり、求められる労働力も資本も小さい。つまり少数の季節労働者でこと足りる[3]」と記した。こうした事情と蒸気船の登場が偶然にも相まって、熱帯地域では「パイナップル・プランテーション」「パイナップル農場」「パイナップル畑」といった名のもと、先を争ってパイナップル栽培が進められた。

今日、市場用に栽培されているパイナップルの主な品種はMD-2（ゴールデンパイナップル）、スムースカイエン、レッドスパニッシュ、クイーンといった種だが、1847年に普及していた品種や亜種名を見ると、品種による差異が失われてしまったこと、そしてかつて植民地プランテーションとして遠隔地に存在したものの、すでに消滅してしまった世界があったことに気づかされる。

そのような品種をいくつか挙げてみよう——驚くほどジューシーで風味豊かなブラックアンティグア、熟すと赤みを帯びたチョコレート色となるジャマイカ産のブラッドレッド、白っぽく固いデメララ、とろけんばかりにジューシーで、ジャワ在住の頃のサー・スタンフォード・ラッフルズ［英国植民地行政官。19世紀初期にジャワの副総督を務めた］が最初に入手した植物でもあるグリーンジャワ、ほかにもバルバドス島産のレモンクイーン、セントヴィンセンツグリーン、アフリカ産のケープコースト、南太平洋産のオタヘイティ、バハマシュガーローフ、スリナムストライプト、スカーレットブラジリアン、トリニダード、スマトラなどなど……。大きさも、形も——松かさ型ありピラミッド型ありで——実にさまざまな品種が数多く存在していた[4]。

●国産パイナップルと輸入パイナップル

西インド諸島から届くパイナップルの大きな積荷が英国の波止場やアメリカ東海岸に降ろされ、市場や店頭で温室栽培の国産パイナップルとの競争が始まるのに時間はかからなかった。以下はパイナリーが絶頂期の頃のコメントだ。

パイナップルは多くの素晴らしい果実の味と風味を備えている。しかし悲しいかな、それは温室という豊かな土壌でしか生育せず、身分の高い人々のテーブルにしかのらない。一方、普通

のリンゴは珍味でも何でもないが、この国の果樹園で豊かに実をつけるから、身分を問わず誰の腹も満たしてくれる。(5)

リンゴとパイナップルが比較されるのはめずらしいことではなかった。イギリス的あるいはアメリカ的見方かもしれないが、リンゴには「正直」で「まっすぐ」というイメージが与えられていたのに対して、パイナップルには異国的、南国的、魅惑的、そして危険なものというイメージがあった。それが――この時代になって初めて――万人の手が届くものと見なされるようになったのだった。

海外から到着したパイナップルは波止場で、青果卸市場で競りにかけられた。なかでも最大級の青果・草花市場があったロンドンのコヴェントガーデンの光景は壮観で、人々は舗道に積み上げられたパイナップルに目を見張った。最高品質のものは貴族や上級階層に仕える高級果物商、食料商（とはいえ、少なくとも自らの土地でパイナリー事業をおこなっているわけではない商人）の手に渡った。

輸入パイナップルの品質はその品種と産地によって差があった。西インド諸島から英国に最速で到着する蒸気船でも3週間はかかったが、それ以上の日数を要することもめずらしくなかった。パイナップルは、とりわけその貿易の初期の頃には、畑からすんなり港に運ばれるわけではなく、炎天下に長く放置されたまま、他の積荷を待たされる場合もあった。結果として――良好な状態で届くものもあったが――大西洋上で腐敗するパイナップルも少なくなかった。クイーン種の風味はどの品種にも勝ったが、デリケートで傷がつきやすく、どの品種より運搬がむずかしかった。おかげでエリート層は「優越性」つまり「外形が美しければ、香りも味も素晴らしく、そこが英国産と輸入品が異なっている点だ(6)」と依然として自慢できたわけだが、そのような高級国内産パイナップルは広く出回ったわけではなかった。

●パイナップルと階級社会

通常、輸入パイナップルは新興勢力である「中間の人々」の要求に応じる商人に売られた。英国にあってヴィクトリア女王の時代は前例のない社会変動の時代であり、産業化によって新たな富と機会が生み出され、財力と野望をもった社会階層が誕生していた。社会生活は目に見えない危険が潜む地雷原となり、新たな富裕層およびそのわずか下に位置する階層は「ワン・オブ・アス（従来のエリート層のひとり）」ではないことが思考にも、言葉、行動にも表れないよう、途方もないプレッシャーと戦わなければならなかった。

儀礼社会に不慣れなこうした階層にとってフォーマル・ディナーは格別の苦難として受け止められ、正しいテーブルマナー、「ふさわしい」メニュー、「正しい」食事の出し方と食べ方が——続々と出版されるようになったエチケットや家事、料理に関する本にも焚きつけられて——中流階層の重大関心事となった。高級化と自己啓発を掲げるこうした書籍はある意味でファンタジー文学だった。そこに描かれていたのは高度に理想化された上流階層の世界であり、日常的に見れば、ほとんど誰もそこに記されているような生活やふるまいなどしていなかったし、現実として、そこは読者

パイナップルをのせたディナーテーブル。『ビートン夫人の家政読本』(1901年版)より。

の中でもごくひと握りの人たちだけが入ることを認められた世界だったからだ。それでも上流階層の暮らし方を知ることは極めて重要であると見なされ、その暮らしぶりは可能なかぎり模倣された。このような社会こそ輸入パイナップルが開拓すべき新たな畑だった——そして実際にその畑は開拓された。

こうして、パイナップルはかつてなかったほど広範な階層のテーブルに登場するようになったが、上流階層を自認する人々からは不興を買った。以下はそうした人物の観察だ。

立派なパイナップルはどのテーブルにあっても飾りになるが、あまりに頻繁に見かけると、ありきたりに見えてくる。それにウェストエンドで催された一連のパーティを数週間めぐってまわったパイナップルの話も耳にしている。どうせなら蠟細工《ろうざいく》か鋳鉄《ちゅうてつ》のパイナップルでも使っておけばよかったのだ……そうすればもっと長い間、体裁よく使いまわせただろうに(7)。

輸入パイナップルは社会に対するごまかしの新たな機会も創った。ペルメル官報は以下のような警鐘を鳴らした。

最近、果物商の間で奇妙なことが慣例化している。食品擬装とまでは言わないが、極めてそれに近い。果物店で西インド諸島産のパイナップルを買うと、「頭」も買うかどうか尋ねられる。つまり西インド諸島産のパイナップルが――そのてっぺんに英国産パイナップルの冠芽が差し込まれるという巧妙な方法で――安価な英国産パイナップルとしてテーブルを飾るデザートとなるというものだ。この方法によって、招待客はテーブルを飾っているパイナップルはホストの屋敷の温室で――おそらくホストには温室そのものも栽培の知識もないだろうが――栽培されたものだと思い込まされてしまう……西インド諸島産のパイナップルに英国産パイナップルの王冠をつける権利などなく、そんなことをしたところで、リンゴやピーチが赤く色づけされて生育の悪さを隠すのと何ら変わりはない(8)。

ヴィクトリア女王の治世に記された家事、社交、料理に関する自己啓発書の中でもっとも注目されるべきは『ビートン夫人の家政読本 *Mrs. Beeton's Book of Household Management*』だが、百科事典のようなこの本は新興中流階層の上昇志向を浮き彫りにすると同時に永遠のものとした。類似の書籍は少なくないが、もっとも広範な内容を総合的にカバーし、影響力も大きく、何年もずっと版を重ねてきたこの本こそ、パイナップルをめぐる社会進化を考えるとき、大いに洞察を深めてくれる。

デザートのパイナップルはスライスし、それ以上手を加えることなく、つまり莫大な労力と費用が注ぎ込まれて完熟状態に達した果実の風味をそのまま、心ゆくまで味わうというのがエリート層の食べ方だった。砂糖もリキュール（甘味と芳香のある強いアルコール飲料）も必要としないほどの風味であるかどうかがパイナップルの優秀さを判定する決め手だったのである。

ビートン夫人の本のカラー図版は見る者の目を楽しませてくれるが、そのデザートのページには上質のチェリー、ラズベリー、プラム、マルベリー、ピーチなどが——フルーツスタンドの栄誉の座に鎮座する冠芽をつけた黄金色のパイナップルとともに——デザート皿に美しく盛られている。これが「コム・イル・フォー」つまり「あるべきようにある」姿であり、上流階層の邸宅における作法だった。

●砂糖漬けパイナップル

とはいえパイナップルのレシピを見ると、別の事実にも気がつく。中流階層の家庭では、パイナップルがさまざまに保存加工されていたことだ。砂糖シロップ漬け、パイナップルチップス（砂糖を

『ビートン夫人の家政読本』（1901年版）より「デザート」

ヴィクトリア朝時代のレースのひだ飾り。パイナップル模様が見られる。1860年代。

まぶして低温のオーブンで乾燥させる）、そしてパイナップルフリッター（西インド諸島産のパイナップルをスライスし、砂糖を加えたブランデーあるいはリキュールに4時間浸して小麦粉、ミルク、卵などをこね合わせた生地にくぐらせ、じっくり揚げて熱いうちに砂糖をふりかけ、白いドイリーにのせて供する）。

また、別の出版物にもパイナップルパイ、プディング、フリッター、ダンプリング（小麦粉の皮に果物を包み込んだものをゆでるか焼くかしたもので――完熟パイナップルなら早々にぼろぼろになってしまいそうだが――大抵の場合、皮を剝いてパイナップルをおろすところから作り方が示されていた）などが紹介されている。おろしたり、大量の砂糖を使って下ごしらえをしたりといった記述があるところから見て、当時の輸入パイナップルの固さ、酸っぱさは想像にかたくない。

酸っぱさを取り除く目的以外にも、砂糖漬けにしてパイナップルを保存することには現実的な理由があった。温室では芽生えの時期をわざわざばらつかせて、年中新鮮なパイナップルが供給できるようにしていたが、西インド諸島産の天然パイナップルは季節限定の産物だった。天然パイナップルは7月から8月にかけて熟し、この時期には供給過多となるほど大量に、安価で市場に出回るものの、その後は次のシーズンまで姿を消すのだった。

実際、温室で栽培されないかぎり、当時フルーツはすべて一定の時節だけのもので、それゆえ保存加工された果実が求められたり、収穫期でない時節にデザートやスイーツに風味を添えるためにフルーツエッセンス［果実から抽出された芳香性のある精製油］（天然のものも人工的なものも）が求められたりした（なかでもパイナップルエッセンスの人気が高かった）。こうした事情に加えて、砂糖によって欧米人の味覚が変わり、どのような果実も――甘くする必要などないものでさえ――砂糖処理されたものが好まれるようになっていた。

この傾向は万人の支持を得たわけではなかった。チャールズ・ディケンズによって編集・所有されていた週刊誌オール・ザ・イヤー・ラウンド誌は「菓子製造者の植物学」と題した記事を掲載した。ディケンズは飲食物に造詣が深かったから、こうした記事を書くことで、人工的風味づけや、やたらと砂糖が加えられた果実をこき下ろさずにはいられなかったのだろう。記事の中ではパイナップルエッセンス（パイナップルオイル）が酪酸《らくさん》にエチル（エーテル）を混ぜて作られていることが明かされ、執筆者ディケンズは明言されている成分どおりのものが果たしてあるのだろうかと疑問を投げかけた。

また「名店中の名店であり、エレガントで上品、そして見目麗しいスイーツを提供する魅力的な百貨店でもある」ロンドンのフォートナム・アンド・メーソンを訪れ、そのディスプレーを「本物の植物ではあるが、もっともありきたりの自生草花の一部なのか、あるいはめずらしい果物の一部なのか、見た目では探知できないほど不快なまでに砂糖加工されている」[9]と評した。

今日でもフォートナム・アンド・メーソンではスミレの花やバラの花びら、アンゼリカの砂糖漬けが販売されているばかりか――スライスされたパイナップルにとどまらず、見事でめずらしいものだが、ときには冠芽をつけたまま砂糖漬けされた小ぶりのパイナップルなど――精選された砂糖漬けフルーツも提供されている。

さまざまなタイプの手回し式アイスクリームフリーザーが製造されるなど、国内で改良が加えられた結果、アイスクリームが王族のみならず、平民の口にも入るようになると、パイナップルアイスクリームも大いに好まれた。パイナップルを使ったアイスクリーム、アイスケーキのレシピは数多く、凝ったパイナップルの流し型に入れて凍らせ、これ見よがしに供される場合も少なくなかった。

ロンドンのマーシャル料理学校（マーシャルズ・スクール・オブ・クッカリー）の経営者ミセス・A・B・マーシャルは手の込んだアイスクリームの専門家で、「ヴェルサイユ風パイナップルアイスクリーム」の作り方として、流し型の葉の部分にはピスタチオの緑色のアイスクリームを、パイナップルの本体部分にはパイナップルの果肉と、彩りのために細かくきざんだマンダリンオレンジの皮6個分を加えることを提案した。[10]

Advertisements. 11

FANCY ICE MOULDS IN PEWTER.

No. 42.—DUCK. 1 quart, £1. 3s. 0d.

No. 43.—SWAN. 2 pints, £1. 1s. 0d.

No. 44. DOVE. $1\frac{1}{4}$ pints, 16s. 0d.

No. 45. BUNCH OF GRAPES. 1 quart, £1. 5s. 0d.

No. 46. CAULIFLOWER. 1 quart, £1. 5s. 0d.

No. 47.—HEN. 1 quart, £1. 1s. 0d.

No. 48.—FISH. 1 quart, £1. 1s. 0d.

No. 49. PINEAPPLE. 1 quart, 20s. 0d.

No. 50. BASKET OF FLOWERS. 1 quart, £1. 5s. 0d.

No. 51. BUNCH OF ASPARAGUS. 1 quart & $\frac{1}{2}$ pint, £1. 5s. 0d.

SPECIMEN PAGE FROM 'BOOK OF MOULDS.'

意匠を凝らしたアイスクリームの流し型、ミセス・A・B・マーシャルの『ファンシー・アイス *Fancy Ice*』（1894年）より。

極めて稀なパターンだが、輸入パイナップルは、スイーツにもエッセンスにも興味はないが、「ただの好奇心から」味わってみようとした人々の手に渡ることもあった。貧しい人たちは普通は店の顧客にはなれなかったから、道端に手押し車を並べる行商青物商から果物を買っていた。以下は社会研究家であり、ジャーナリストでもあったヘンリー・メイヒューによって記録された西インド諸島からパイナップルが到着したときのようすで、ヴィクトリア女王時代のロンドンの活気ある市井の文化を伝えている。

◉1ペニーの楽園――パイナップルスライス

最初に持ち込まれたとき、パイナップルは行商青物商にとってカネのなる木だった。行商青物商はそれを「動かす」だけで、どの青物を売るより多くを稼いだ。状態のいいものとそうでないものを抱き合わせで買った1個あたり4ペンスほどのパイナップルを12～18ペンスで売ったのだ。そのとき、人々は彼らが売るパイナップルが「海水をかぶった」ものとは知らず――丸ごとだったり、12ペンス払うゆとりのない人たち向けのスライス（1枚1ペニー）だったりしたが――売りに出されるやすぐさま買い求めた。最初に登場したときのパイナップルは実にものめずらしく、家柄のある人々が、旗をはためかせて通りを売り歩く行商人の手押し車を止めた。実際、客となったのは主としてそうした「上層の人たち」ばかりで、彼らは家族みんなどで味わうことができるよう、ひとつを丸ごと買って持ち帰った。一方、貧困層の煙突掃除夫や清掃作業員、御者は1ペニー分だけ味わった。これは4年前の話であり、今ではパイナップル需要はこれほどのものではなくなってきているが……。とにかく、最初にやってきた船は悪天候にさらされ、パイナップルは海水に痛めつけられ、普通の果物商が商うような代物ではなくなっていた。そんなパイナップルが行商青物商に安価で卸され、連中の荒稼ぎのタネとなったのだ。(11)

1ペニーで貧困層が楽園《パラダイス》の味を味わって以来、パイナップルスライスは下々にまで広まり、働く貧困層にはご馳走として気に入られた。それでもパイナップルにとって順風満帆《じゅんぷうまんぱん》というわけにはいかず、パイナップルはヴィクトリア女王時代の「進歩」のパラドックスの波に見舞われていく。科学および経済の進歩は人間の生活条件の向上、改良を目指したが、そこから得られたものは既存の社会階級制度にことごとく挑みかかった。交通、教育、大量生産によって日常生活が様変わりし始めたとき、果たして人は旧態にとどまって「自らの(身)分を知り」、それを維持することで満足できたか、ということだ。上流階層は新たな中流階層に脅威をいだき、中流階層は新興の貧困層に脅かされた。単なる紳士気取りや自身の地位を維持したいという願望はさておき、ヨーロッパが長い不穏の時代から立ち上がり始めた矢先、階級差がなくなることでむしろ政情不安が引き起こされるのではないか、そんな不安さえ広まった。

「ブア・ナナス（インドネシア語でパイナップル）」模様の転写印刷の皿。グラスゴーの J. & M. P. Bell 社製。1888年頃。

科学技術の進歩によって万人の手に渡るようになると、エリートのためだった品々は階級の境界を曖昧にする日用品として危険視された。パイナップルはそうした「元」御用達品の典型だった。中流階層のテーブルにパイナップルが登場することをエリート層が快く思わなかったように、中流階層はパイナップルが貧困層にも普及していくことに不快感をいだいた。以下は新聞に掲載された不満である。

> ロンドンの場外市場《ストリートマーケット》では、現代の奇妙な価値観の矛盾が露呈している。かつて高級フルーツと見なされたものが道に連なる露店の売り台や手押し車に並べられ、お手頃価格で売られている。[12]

皮肉っぽく記された印刷物の中では、パイ

ナップルを食す「不適切な」人たちは――それが誰を指すかは見方によるが――進歩の賜物《たまもの》ではなく進歩の弊害《へいがい》の象徴となった。パイナップルは社会の認証《カシェ》を失い始め、技術革新によってもたらされた新たな発明――缶詰加工への流れに拍車がかかった。

◉缶詰――さらに大衆化するパイナップル

缶詰加工は1809年にフランスで広まった技術で、最初は（ほどなく主流となる）金属製の缶ではなくガラス瓶が使われていた。ことの起こりは軍隊だった。ナポレオンが報奨金1万2000フランを提示してフランス軍のために実用的かつ安価な食料保存の方法を求めたのだった。そしてイギリスでも、最初に缶詰加工をおこなったのは陸・海軍のために食料を確保しようとした軍部だった。そのような技術が、工程に改良が加えられるにつれて商業全般に活用されるようになり、1880年代には西インド諸島に缶詰工場が建設されるにいたった。

パイナップルの缶詰加工は、長年のふたつの問題点――季節産物であること、遠距離運搬物であること――を解決した。十分に熟してから収穫されることになったパイナップルは収穫時のまま、あるいはそれに近い状態で缶詰にされた。腐敗の心配はなく、遠距離を運搬でき、1年を通して消費者に届けられるようになった。こうして、迅速な積み出しができないために、遠く離れた植民地で萎《しな》びてしまっていたパイナップルが缶詰となって、ブリテン島および大英帝国各地で売りさばかれるようになった――このような缶詰パイナップルはシロップに漬けられたが、コンフィチュール

（ジャム）に使用されるほど大量の砂糖が使われることはなかった。

缶詰製造は英国社会全般から支持されたわけではなかった。初期の頃には、ほんの少しまえまで自給自足を誇っていた国が輸入食品に依存するようになったと非難する向きがあり、また一方で、加工過程で発生する有害物質による汚染を懸念する声も上がった。さらに、毎度のこととはいえ、食品擬装のさらなる機会を創りだすことにもなり、タイムズ紙への以下の投書はそのようなペテンを生みだした背景に言及している。

この数年（缶詰の）ブリキ缶でこの国に入ってきたフルーツ（とりわけパイナップル、アプリコット、ピーチ、西洋ナシなど）をガラス瓶に詰め変えて売る商売が大いに流行っている。この手口は、大部分の富裕層が持っているある思い込みが生みだしたもので、金持ちは、ガラス瓶入りの商品を買えば、金属に触れた可能性はゼロだと思っている……それで現在、前述の裏切り行為から作りだされた食品に2倍のカネを支払わせるというとんでもないペテンが世に流布している……ロンドンで瓶詰めとして売られているフルーツ……実にその75パーセントが、もとはと言えば、ブリキ缶に入っていたものなのだ。(13)

味も有害物質による汚染も関心事にはちがいなかったが、背景として大きく作用していたのは階級差の維持ということだった。エリート層の缶詰への思い込みは強かった。保存加工された果物に

ややフォーマルさに欠けるデザートの例示。「ウォーンズ・モデル・クッカリー・アンド・ハウスキーピング *Warnes's Model Cookery and Housekeeping*」（1893年版）より。

さり気ないアートとしてのパイナップル――かぎ針編みのドイリー

はれっきとした強みも利点もあり、誰にとっても役立つと思われたが、大切なことは他に勝っていること、そして商品が通常の方法で届けられることだった。缶詰が次第に中流階層や貧困層の保存食料となっていった真相はまちがいなくここにあり、「進歩」のパラドックスの波はここまで到達していたのだった。批評家は「スープからパイナップルに至るまで、ディナーを彩る派手な缶詰の山」[14]に一般大衆はあっさり魅了されたと非難したり、田舎の商店や町の小規模食料品店を以下のように咎《とが》めたりした。

> どうやら必要なものではなく、贅沢品を揃えているようだ……精肉や健康にいいパンではなく容易に入手できるサーモンやパイナップル……驚くべきことでもないが、田舎の主婦の多くが1週間の稼ぎを食料品に、それも彼女たちの祖母世代なら憤慨したと思われるような食料品に注ぎ込んで

いる。(15)

それでも――「一度外に出た魔物は瓶に（そして缶にも）戻せない」ように――後戻りはあり得なかった。パイナップルは英国にあって食べられる形容矛盾の一例、つまり「ありきたりの非日常的贅沢」となった。

アメリカにおいても、イギリスにおいてそうであったように、個人所有のパイナリーは非経済的贅沢であるとして、すでに大部分が破棄されていた。西インド諸島から、生パイナップルも缶詰加工のパイナップルも入ってきていたが、北米大陸を西に拡張し続けてきたアメリカにとって、カリブ海の島々からの食料だけでは西海岸地域の需要をまかない切れなかった。一方、一部の地域――とりわけ東海岸地域のピューリタン色の濃い集団の中ではパイナップルが贅沢や南国情緒を連想させるところから、パイナップルへの反発が根強く存在していた。たとえばニューイングランドの著述家であり思想家、博物学者でもあったヘンリー・ソローは以下のように記している。

11月、吹きさらしの黄褐色の地面を歩きながらかじる白みがかったどんぐりの苦いような甘いような味は、私には、輸入パイナップルひと切れに勝るものだ。テーブルを飾るための果実をわれわれは評価しない。それは議員や美食家連中のためのものであり、われわれの想像力を養ったりはしない。(16)

しかし、パイナップルはやがてアメリカの誰もが入手できるものとなるばかりか、思いもよらない前例のない方法で、大衆の想像力を世界規模で刺激することになる。そして文字通り、パイナップルのイメージは光り輝くのである。

第4章 ◉ハワイアンパイナップル

◉ハワイ諸島「発見」

1778年、かつてのマニラ・ガリオン船の航路の中心「目」の部分を通って太平洋を渡っていたジェームズ・クック船長は楽園《パラダイス》――ハワイ諸島を「発見」した。その地で、深い海と虹の架け橋で連なる緑の峡谷の間に、パイナップルは最高の故郷を見出した。経済的見地からすれば「発見」以降のこの群島の歴史はカリブ海の島々の歴史と相似している。つまりどちらの地でも、最初は砂糖が換金作物としての役割を果たし、やがてその役目をパイナップルが引き継いだのである。とはいえハワイ諸島でこの流れが生じたのはしばらくのちのことであり、その背景も社会的、政治的に大きく異なっている。

クック船長が到着した当時、ハワイでは諸島全域からなる王国を建国しようと、覇権争いが続い

パイナップル畑にかかる虹。オアフ島、ハワイ。

ていた。西洋の武器が入ってきたこと、さらには西洋の影響を受けたことで統一化は加速され、1810年に内戦が終結すると、初代国王カメハメハ1世(1758～1819年頃)による支配のもと、西洋型の絶対君主制が確立された。

太平洋のまん中に位置するという地の利を得て、太平洋を横断する貿易を開き、新たな王国は捕鯨産業に物資供給をおこなったり、北米西海岸と中国を結ぶ貿易航路を支えたりすることで、ほどなく豊かになった。貿易によって外国人、たとえばイギリス人、フランス人、アメリカ人などが引き寄せられて居住するようになり、スペイン人でカメハメハ1世のアドバイザーとなった人物もいた。ドン・フランシスコ・デ・ポーラ・マリンという頭の切れる園芸家で、知られているかぎり、この人物こそが最初にパイナップルをハワイに持ち込み、自宅の庭で栽培したとされている。アメリカ人としては組合教会主義派（コングリゲーショナリスト）の使節団が１８２０年にニューイングランドから（招かれたわけではないが）到着している。

１８５０年代後半、捕鯨産業および中国貿易が下火になると、サトウキビが新たな換金作物となった。いくつものプランテーションが建設され、さらに多くの外国人が押し寄せては富を築いた。ヨーロッパ風のダンス、パーティ、優雅なディナーに明け暮れるこうした人々の高度な植民地文化でハワイ諸島は一躍有名になった。使節団は賛意を示さなかったが、王族の庇護のもと、ハワイの伝統的風習——よく知られているフラダンス、ルアウ（肉や魚をタロイモの葉で包み、ココナツミルクで味つけした伝統料理）が供される野外の宴（これもルアウと呼ばれた）など——も生き続け、王族主催の宴《ルアウ》では伝説の料理カルア（ブタ1頭を丸ごと蒸し焼きにしたもの）が招待客に振る舞われた[1]。こうしたハワイの生活はカリブ海の上流階層の影響を感じさせなくもなかったが、大きな相違点がひとつ存在した——ハワイは植民地ではなく君主国だった。とはいえ、この国家は内的、外的ふたつの脅威に徐々にさらされていった。

内的脅威は、初期の使節団によって絶対の君主権が蝕《むしば》まれていたところへ、使節団の子孫たちが、新たなアメリカ系住民の増加を背景に、ハワイ諸島を政治的に支配して砂糖産業（依然、国王が最終的支配権を握っていた）を指揮することを望み始めたことだった。外からの脅威は、ハワイ産サトウキビの市場であるアメリカからもたらされた。

19世紀が幕を閉じようとする頃、アメリカは列強の中でほぼ唯一、「帝国」ではない国家だった。19世紀は、アメリカ以外の各地では植民地争奪戦が繰り広げられた時代であり、列強はこぞって所有権の主張されていない土地（多くの場合、熱帯地域）に飛びついたが、そうした対外進出が——輸送手段と科学技術の進歩のおかげで——ようやく実行可能な計画となり始めていた。

●アメリカのハワイ併合

国内関心事、つまり北米大陸の西進による国土拡大と南北戦争（１８６１〜65年）で手一杯だったアメリカは、外国の地、とりわけ熱帯地域の土地を——結果として熱帯地域の産物も——所有する道を採ることができなかった。サトウキビはルイジアナ州で、パイナップルはフロリダ州でその栽培が試みられたが、いずれも十分に生育せず、国内需要をまかなえなかった。位置的にもハワイはアメリカにとって西の進入口にあたり、アメリカ側のアドバイザーは戦略的に重要な位置にあるとして、早くからこの群島に注目していた。つまりアメリカ合衆国とハワイ王国はいつ紛争が生じてもおかしくない位置関係にあったのである。

１８９３年1月17日、決定的な事件が起きた。アメリカの支援を受けた一派がリリウォカラニ（１８３８〜１９１７）を女王といだく王制を倒したのである。一派は女王をイオラニ宮殿に幽閉し、暫定政府を樹立した。そして１８９８年、ハワイ諸島は正式にアメリカに併合された。

ハワイが事実上アメリカの植民地となり、ハワイ産の砂糖が過酷な輸入税の対象ではなくなると、製糖業は隆盛し、新政府もハワイの「アメリカ化」に乗りだして伝統文化に蓋をした。伝統文化はハワイ諸島のものとして新たに公認された魅力の陰に追いやられてしまったということだ。１９２４年、ナショナル・ジオグラフィック誌はハワイ諸島を「アメリカ最強の防衛前哨地――火山と植物群の世界的景勝地[2]」と記すと同時に、コンクリート道路が何マイルも続き、日々ニューヨーク証券取引所から相場表が入り、ゴルフコース付きの高級カントリークラブがある都市ホノルルを紹介した。

パイナップルも、他の農産物同様、ハワイのエリート層のテーブル用に、寄港する船のために、さらにはゴールドラッシュで成長したカリフォルニア市場のために、小規模ながら商業栽培されていた。それでも初期の努力は――完熟パイナップルを西海岸市場に迅速かつ過剰なほどに供給することはできても、新鮮な状態で東海岸に届ける方法がないという難題のために――報われなかった。こうした状況を以下のように論評する者もいた。

ハワイアンパイナップルの歴史は、非情で得体のしれない敵や、気まぐれな昆虫や人間たちと戦ってついに勝利する冒険物語のようだ。短いが、激しい戦いだった[3]。

パイナップルのランドマーク。パイナップルの形をしたこの給水塔、「世界最大のパイナップル」は長年ハワイアンパイナップル・カンパニー（のちのドール・パイナップル）のホノルル工場敷地を見下ろした。

◉缶詰工場とレシピ集

勝利を手にしたひとりジェームズ・ドールは1900年にハワイアンパイナップル・カンパニーを設立し、オアフ島に広大なプランテーションを建設していた。彼の努力もそれほど思わしい結果を生みだしてはいなかったが、ドールは缶詰工場を設立して缶詰パイナップルをアメリカに輸出し始めた。砂糖価格の変動が激しかったから、同業他社がすぐさま現れ、しのぎをけずった。もっともよく知られているのが、地元の小規模生産者に混じって参入したCPC（カリフォルニア・パッキング・コーポレーションことデルモンテ社）とリビー・マクニール・アンド・リビー社だった。

ハワイはパイナップルにとって理想の生育

ハワイのパイナップル畑で働く人々。1910 ～ 25年頃。

環境にあった――島そのものが天然の温室だから、屋外でも完熟可能だった。缶詰によって季節の問題、輸送の問題が解消されると、残る課題は市場の拡大だけだった。缶詰加工は比較的新しい技術であり、不信感と偏見が――缶詰業者すべてが解決しなければならない問題として――広く存在していた。

ハワイのパイナップル缶詰業者も、最初は季節を問わず入手できること、衛生的であること、使い勝手がよいことを強調し、１９０９年には広告を出し始めた。「緑色のうちに摘まれ、摘まれてから熟したものとはちがう――太陽を浴びて畑で熟したもの[4]」と謳った広告もあれば、日よけに顔や首筋を布で覆い、腰をかがめてパイナップルの世話をする労働者を描いたイラスト付きで「熟してから摘み、そのまま缶詰に――満点の風味、品質、柔らかさ[5]」を謳った広告もあった。さらには技術者のヘンリー・ガブリエル・ジナカがドール社の缶詰工場のために考案した、パイナップルの缶詰製造における画期的発明品ジナカマシーン（自動剝皮機）が、パイナップルの皮を剝ぎ、芯をくり抜くようすを写した広告も登場した。

しかし、缶詰工場の写真もパイナップル畑の労働者の姿もアメリカの主婦には強くアピールできなかった。そこでパイナップル缶詰の製造業者は、家庭にもっと密着したアプローチ方法に目を転じた――レシピである。無料ないしは無料に近い値段でのレシピ配布は、ある食料品の利用・活用を促す方法としてすでに確立されていた。多くの場合、レシピはその時代の著名フードライターによって書かれたり、有名な料理コンテストで応募者から集められたりした。ちらし、パンフレット、女性雑誌や新聞の家庭欄に掲載されたレシピは大いに重宝がられ、料理本より人気も影響力もあったばかりか、料理の味の移り変わりを敏感に反映していた。

マスマーケットで成功するには、生産者は自らの製品を20世紀初頭のアメリカ食文化の本流に巧妙に浸透させなければならなかった。今日、アメリカ料理を特徴づけている郷土料理、民族料理も、まだこの時代にあっては国民的料理として公式に位置づけられるものではなかった。「アメリカ的」料理とはどこに行っても同じようにあるもの、つまり基本的で平々凡々、あくまで庶民的であり、ニューイングランドの食文化に遡るものだったのである（実際、初期の料理専門家の多くがその地から誕生していた）。

1914年、ハワイアンパイナップル缶詰協会（Hawaiian Pineapple Packers Association）は「ハワイアンパイナップルの缶詰が食卓に届くまで」と題された小冊子を配布した。そこにはパイナッ

新鮮な野菜と缶詰パイナップルなどのフルーツを混ぜて固めたゼリーサラダは斬新な一品だった。

プル畑で働く人の写真や、パイナップル畑についての情熱あふれる説明、缶詰の製造工程の紹介などが掲載されていたが、それだけでなく、パイナップルを使ったレシピも記されていた——それも『ザ・ボストン・クッカリースクール・クックブック *The Boston Cookery-School Cookbook*』の著者ファニー・メリット・ファーマーによるパイナップルコンポート、フィラデルフィア料理学校の創設者サラ・タイソン・ローラーによるパイナップルゼリーといったような、専門家として名高い料理人が手掛けたものだった。ローラーのパイナップルゼリー（缶詰パイナップルが使われていた）はとくに斬新だった。というのも生パイナップルでは（それに含まれる酵素のために）ゼラチンが固まらなかったからである。

１９１４年の小冊子にはパイナップルを使っ

たデザートやフルーツサラダの類《たぐ》いのレシピばかりが掲載されていたが、1925年にハワイアンパイナップル缶詰協会が配布した改訂版（レシピがいくつか追加されていた）には「思わず食べたくなる99のパイナップル料理」というレシピ集が掲載され、デザートではないものも2品——ハムステーキのパイナップル添えと、魚のためのパイナップルスタッフィング——紹介されていた。協会はパイナップルを使ったレシピコンテストをさらに全国的に展開し、1926年には寄せられたレシピの中から優秀作を集めた「100人の料理自慢のハワイアンパイナップル」を発表した。

この小冊子を見ると、当時パイナップルがどの程度アメリカ料理の肉、野菜などのメインディッシュに浸透し始めていたかがはっきりとわかる。そこには、よく目にするデザートやサラダのレシピと並んで、パイナップルミートローフやカモ、ホロホロチョウ、七面鳥など鳥肉のためのパイナップルスタッフィング、さらにはパイナップルウェルシュラビット（チーズトーストの一種）やパイナップル入りボストン・ベイクドビーンズさえ登場していた。

1927年、ドールズ・ハワイアンパイナップル・カンパニーも小冊子「ある少年の菜園から始まった王国」を配布した。そこには社史が簡単に記されているとともに「ハワイアンパイナップルの新しくて楽しい30の調理法」が掲載されていた。またグッド・ハウスキーピング誌は「華麗なるサラダ」のためのレシピを、ピクトリアル・レビュー誌は「これまで味わったことがないほどおいしい10のデザート——忘れられないディナーを演出するデザート」を、マッコールズ誌は厚切りステーキのパイナップルのボルデュール（飾り添え）風とパイナップル詰めトマトといった「10の素晴らしいメインディッシュ」を紹介した。

缶詰パイナップルはこうして全国の食卓に登場するようになり、ありきたりで、いかにもアメリカ的なリンゴや西洋ナシとほとんど変わらないものとなった——が、やがてすべてが変わった。

◉「楽園」のイメージとパイナップル

パイナップルの缶詰輸出が着実に伸びている最中に、砂糖価格が世界的に下落した。加えて、着手されたばかりの観光産業も思わしくない状況にあった。観光客はアメリカの生活様式が移植されたかのような「公認版」ハワイに関心などなく、すっかり客足が落ちた。というのも、現在もそうだが、ハワイの魅力は安全な環境の中で満喫する南国情緒とものめずらしさにあったからだ。

当時、経済的必要性から観光産業はなんとしてでも立て直されなければならなかった。つまり、数十年に渡って進められてきた努力を逆戻しして、観光客のためにハワイ諸島を「もう一度ハワイにする」必要が生じたのである。結果として「ロマンチック版」ハワイの歴史が創りだされるのだが、これはハワイの歴史がもともとロマンチックだったというよりも、ハリウッド映画に負うところが大きい。

取り壊されずにいた草ぶきの家が修復され、観光客向けに公開されるようになった。公式の場で披露することを長く禁じられてきたフラダンスも、旋律豊かな新たな形式で蘇った。ハワイの伝統を再創造する大舞台とあって、以前は人目から隠してきた存在だった「先住民」にも新たな役割が振りあてられた。君主制が転覆させられるという憂き目を見たこと、そしてそれより古くには、クック船長が遭遇したような勇猛果敢な貴族戦士社会が存在したことなど、不都合な事実は体裁よく脚色された。

「かつてのハワイ」は民主的な楽園《パラダイス》として描かれ、そこでは部族長、家臣の区別なく、絶えず歌ったり踊ったり宴を開いたりして楽しく暮らしたとされ、組合教会主義派の使節団が認めなかったルアウも観光客の「新生」ハワイの目玉となった。こうした劇的変化によって、ハワイは誰もが憧れる最高のリゾート地となり、そのような地で味わう料理のシンボルとしての役割をパイナップルが担った。

当時、ハワイ諸島へはアメリカ西海岸を出港する豪華定期船で行くしか方法はなく、マトソン社の白いクルーズ船で4日半かかった。魅惑の旅の序章として乗客を新生ハワイにいざなったこの航海は、そのロマンチックさ、優雅さ、行き届いたサービスで評判を得ていた。そうした高評価にとくに貢献したものがある。特別依頼で制作されたメニューのカバーである。観光産業が生みだした高級芸術とも言えるこのカバーは、当初からコレクションされることを意識して、クルーズの期間中、毎晩異なったものが用意された。たとえばユージン・サベージによる素晴らしい出来栄えのメニューカバー「島の宴」には、若い美女に囲まれた部族長が丸焼きのブタとパイナップルというご馳走を前に座っているところが描かれている。

このようなルアウは「かつてのハワイ」ではあり得なかった。昔は男女が一緒に食事をすることも、部族長が平民と食事することも、女性がブタを食べることも認められていなかったし、そもそもハワイ諸島ではパイナップルは知られていなかった。それでも律儀なまでに原始主義《プリミティヴィズム》に則ったその光景が――丸焼きのブタはあまり美的ではなかったが――大衆の想像力に根を下ろし、パイナップルは、その歴史を背景に、熱帯と南国の雰囲気を具現するものとして再浮上した。

この光景こそ、ワイキキのビーチサイドにある優美なホテルに到着した観光客が出会いたいと思うものであり、実際、客たちは出会った。ルアウがホテルの庭園内で催され、料理はパイナップルで飾り付けられたテーブルに並べられた。余興の歌が歌われ、多くの場合、サロン（映画「ジャングルの女王」でドロシー・ラムーアが着用するためにパラマウント・スタジオのデザイナー、エディス・ヘッドがデザインした衣装）をまとった女性がフラダンスを披露した。

アメリカが、世界中が、南国情緒あふれるハワイに夢中になると、パイナップル缶詰製造業者は新たなビジネスチャンスの到来を感じた。そこで彼らはまず、１９２４年の以下の広告に見られるように、ある種の擬似体験を謳った。

今年ハワイを訪ねることができないなら、ご自宅でハワイのお気に入りフルーツ、パイナップルの忘れられない風味を楽しむ計画だけでも立ててください。ハワイ産パイナップルの缶詰を――季節を問わず――頻繁に卓上に。缶から出したばかりのスライスはデザートやサラダに、クラッシュはパイ、ケーキ、サラダ、サンデー、フルーツカクテルなど、思わず手の出るご自

ハワイアンパイナップル缶詰協会の広告。1924年。

慢の一品に。(6)

そして広告はパイナップルサンデー、パイナップルのメレンゲパイ、パイナップルのフルーツカップのレシピ紹介へと続いた。

パイナップル生産者、観光業者はあっという間に大胆になった。オアフ島では、かつてなかったほどの勢いで南国化・異国化が進んでいたからで、それにはいくつか理由があった。安価に移動できるようになって、旅行が特別なものではなくなり、とりわけ航空機の登場によって大量輸送の時代が予感されたこと、さらにハワイが大いに気に入ったハリウッドがハワイをロケ地として「南海の劫火」や「ワイキキの結婚」、「ハワイ・コールズ」、「ハワイアン・ナイツ」、さらにはチャーリー・チャンの刑事ものなどの映画を制作したこと、そしてハワイの人口自体——第二次世界大戦によって極東に関わりをもつ軍人世代が登場していたこともあり——コスモポリタン的となりつつあったことなどが挙げられる。サトウキビ畑やパイナップル畑には19世紀から中国人や日本人の労働力が流入していたが、1924年になると、オアフ島の人口のほぼ40パーセントが日本人となり、さらに増え続けていた。そして異人種間の結婚によって混血の人たちが増えるにつれ、「ハパ・ハオレ」の名で知られる多国籍料理が多くなった。

こうしたコスモポリタニズムと密接に結びついたのが「ティキ」と呼ばれるポリネシア(風)文化を強く意識したアイランドフード、ドリンク、そして装飾スタイルで、いずれもトレーダー・ヴィックス（レストラン）の創立者ヴィクター・バージェロンが関係している。バージェロンの店は風味豊かで大胆な料理への入り口であり、遠い島々、ロングドリンク（カクテル）と楽しみ尽くすにはあまりに短い夜、そして一度は味わってみたい極上のアイランドフードを思い起こさせた。トレーダー・ヴィックスの名物はボンゴボンゴスープ（牡蠣とホウレンソウのクリームスープ）とパイナップルダックだったが、この店の料理はルアウに影響を与え――伝統的なカルアポーク（蒸し焼きのブタ肉をほぐしたもの）、タロイモ料理、ハウピアと呼ばれるココナツミルクからできたデザートに混じって――中華風あるいは日本風、さらには見たこともないような風変わりな料理が登場するようになった。

島々では生パイナップルのスライスが積極的に販売された。島以外の場所では、どこにでもある料理としてではなく――ルアウ人気に乗じてパイナップル、ルアウ（の宴）、ハワイをひとまとめにして――「食文化」としてパイナップルが売り出された。これは大いにあたった。今でも世界中のどんな料理であれ「ハワイアン」とその名にあれば、そこにはパイナップルが使われていると見てまちがいない。

ハワイ諸島でルアウを体験すると――味が忘れられなかったり、イメージが焼き付いたりして――（人は）その経験を家庭で再現したいと思うものらしく、ルアウ料理の本や宴のためのガイドブックが次々に出回った。そこでは従来の料理ではなく、パイナップル・ビーフケバブ、ポリネシアン・ミートボール、パイナップル・ポークワイキキといった料理が紹介された。ドール社が配布

多国籍料理としてのルアウ——アイランド「ルアウ・プレートランチ」。伝統的カルアポークと照り焼きチキンにライス、パイナップルが添えられている。

有名かつ悪名高きハムとパイナップルの「ハワイアン」ピッツァ

観光客用ルアウの宴のための典型料理――ブタの丸焼きとパイナップル

した小冊子「ハワイアン・ルアウ」の最初のページは以下のように始まっている。

ハワイ伝統の宴が人気を集めるなか、われわれも「メインランド」［アメリカ本土］で活用されているアイデア、レシピを少々集め、ルアウの宴の素晴らしくリラックスしたあの雰囲気を再現できないかと考えるに至りました。[7]

ライバル企業のデルモンテ社も独自のパンフレットを配布し、以下のように謳った。「デルモンテのパイナップルでハワイの陽光を食卓に」。[8] そしてパイナップル・スペアリブ、パイナップルのアップサイドダウンケーキ（いずれも

缶詰フルーツの代表的デザート、パイナップルのアップサイドダウンケーキ。

１９５０～70年代の代表的料理）を紹介した。生であれ缶詰であれ、ハワイアンパイナップルを買って食べることは楽園《パラダイス》という夢を食べることだったのである。

◉さらに拡散するイメージ

夢は夢でも、また別の夢を求めてパイナップルが購入され、食されることもあった。生パイナップルの歴史の中でも一風変わったエピソードは何といっても１９８０年代のビバリーヒルズ・パイナップルダイエットで、そこでは生パイナップルが堂々の主役を張った。単にパイナップルダイエットの名でも知られるこのダイエットは『１週間でやせるパイナップルダイエット』（ダイエット本として20世紀のベストセラーのひとつとなった）の中で紹介された。これはハリウッドスターにとっての「ダイエットの権威」ジュディ・マゼルによって考案されたも

地元のお気に入り――白飯に甘酸っぱいハワイパイナップル、ウィンナーソーセージがかかった一品。

ので、食べ合わせという考え方とパイナップルに代表されるある種の食べ物の特質（その説に従えば、体内脂肪を燃焼する酵素を多く含むという特質）を組み合わせたダイエット法だった。

「ずっとほっそり体型でいるにはどうすればいい？」というおなじみの質問には「生パイナップルをどんどん食べなさい」とでも返答されたのだろう。パイナップルダイエット法はハワイ諸島で――高級ハワイアンパイナップルをふんだんに使って――マゼルによって精緻化され、テストがおこなわれた。このダイエット法が人間の体重減にどれほどの効果をもたらしたかはさておき、ハワイアンパイナップルの販売増に絶大な効果を生みだしたことは確かだった。

パイナップルは地元の人たちはもちろん、観光客も身にまとうカラフルなアロハシャツやムームーにもその若枝を伸ばして現れ、有名なハワイアン・アップリケキルトにも「パイナップルパターン」として、またカーテンやハワイ諸島で人気のゆったりとしたラウンジカウチのための掛け布など、室内装飾のための布地や織物にも、さらには壁を飾る版画（ジョージア・オキーフのものが好まれた）にも登場した。観光客に人気の民芸品であるコア材［コアはハワイに生息するアカシア属の樹木］を細工したボウルや大皿には半分に切った形となって、サラダサーバー［サラダを取り分ける大きなスプーンとフォーク］のフィニアル［先端の飾り］として、パイナップルが姿を見せた。

ほかにもパイナップルの装飾が施されたティーセット、パイナップルをかたどった宝石、パイナップル型マグカップ、パイナップル型氷入れ、パイナップル型塩コショウ入れ、ティキ・カクテルのためのセラミック製パイナップルなどが現れた。パイナップルの繊維を使って布を織ることも定期的に試みられ、「パイナップルツイード」に人気が集まった。

パイナップルは観光客のためだけのものではなかった。地元の人たちもパイナップル料理を独自に開発した。際立っていたのが定番のパイナップル・スペアリブ、そしてスパムとウィンナーソーセージを使った甘酸っぱい一品だ。ちなみに、ハワイでのスパムのひとり当たりの消費量は世界一であり、ウィンナーソーセージのほうもかなり上位にあるというのはあまり知られてはいない事実である。

●黄金時代とその終焉

パイナップルにはもうひとつの顔、つまり観光客であふれるビーチやワイキキでのルアウとはまっ

ハワイの新たな多国籍料理――マヒマヒ（シイラ）のソテー、パイナップルサルサ添え。

たく異なる側面があった。それはまさにハワイ諸島の経済および社会基盤のひとつとしての役割で、全盛の時代には、ふたつが切っても切れない関係にあったために、ハワイ諸島を語ることはそのままパイナップルについて語ることであった。缶詰になったハワイアンパイナップルは――ひとつにはその生育条件の良さから、ひとつには惜しみない世話と管理のおかげで――まちがいなく世界一だった。自生地のパイナップルは放っておいても成長したかもしれないが、販売用パイナップルの栽培は――開墾された畑にパイナップルの冠芽をきちんと列に植え、18か月のちに果実となる「中心部」が現れるのを注視し、22か月で実ると、専門の摘み取り業者が畑に入って熟れ具合をチェックするといったように――集約的な事業であり、すでに1930年代

パイナップルを使った南国情緒たっぷりのレシピは料理でめぐる冒険旅行へのパスポートだった。

には、畑での果実の収穫、冠芽の切り取り、大きさによる等級づけと箱詰め、トラックや列車やはしけを使用した缶詰工場への輸送、といったような整然とした分業体制が整っていたのである。

パイナップルはハワイ諸島の主な島々8つのうちの5つの島々で栽培され、なかでもラナイ島（パイナップル島）は完全にパイナップルに依存していた。収穫期の中心は6月、7月、8月で、離れた島々からのパイナップルはタグボートに曳かれたはしけでホノルルに到着した。ワイキキビーチから遠く海を眺めやると、パイナップルを積んだいくつものはしけが低く長く連なっている姿が目に入った。ときにはパイナップルがはしけから転げ落ち、サーファーの間をぬって漂い、海岸や浜辺の観光客の足元に打ち寄せられ、客たちを大いに喜ばせたりもした。

ホノルルに運ばれると、パイナップルは埠頭から近隣にあるブリキ屋根の工場に運ばれ（産業の効率化の典型）、そこでジナカマシーン（自動剝皮機）にかけられる。外皮が剝がれ、芯がくり抜かれると、ベルトコンベアーで「トリマーズ」（残った皮をナイフできれいに削ぎ落としていく女性たち）が両側に並ぶ長い作業台の中央に運ばれていく。そしてそこからスライス機を抜けて、次の長い作業台（今度は「パッカーズ」と呼ばれるスライスされたパイナップルをまとめ、缶にパックしていく女性たちが両側に並んでいる）に送られる。――とはいえすべてがスライスされるわけではなく、さまざまな等級のパイナップルがさまざまにカットされていく。缶に詰められたパイナップルはパッカーズの作業台の隅のトレーに積み上げられ、トレーボーイ（何段ものトレーを回収して蓋をする男性）によって集められる。

夏の盛りに暑気と騒音の中、充満する強烈な甘い香りに気が遠くなりそうになりながら、作業員たちはこの作業を続ける。ハワイアンパイナップルの缶詰はこうした工程を経て世界中をめぐり、一時期ハワイ諸島は生パイナップルを世界一大量に生産し、缶詰パイナップルを世界一大量に輸出する地と目された。

マスツーリズム［観光の大衆化］がもはやめずらしくなくなっても、ハワイ諸島とハワイアンパイナップルの魔法がとけることはなかった。ミュージカル「南太平洋」、ジェームス・ミッチェナーの長編小説『ハワイ』（パイナップルが重要な役割を果たしている）、テレビドラマ「ハワイファイブオー」（パイナップル畑が背景としてよく使われた）、「レトロ・ルアウ」文化と「レトロ・ティキラウンジ」文化（いずれもハワイにあっては失われたことがなく、実際には「レトロ」ではなかった）などによって、ハワイとパイナップルの魔法は輝き続けた。

ハワイアンパイナップルの支配時代に終止符が打たれたのは20世紀も終わりに近づいた頃、つまり海外生産者との競争が激化し、ハワイ諸島の地価および人件費が高騰した時期だった。現在ではハワイの缶詰工場は過去の遺跡であり、観光客が訪れる名所でしかない。

しかし、黄金色のパイナップルを栽培しては地元の人たちの食卓に届ける小規模生産者は今なお存在しており、地元家庭ではパイナップルを使った料理が作られているのも事実だ。パイナップルはハワイの新たな多国籍料理の主役であり、観光客は依然としてパイナップルとともに供されるルアウを楽しんでいる。人々の想像力の中では、パイナップルとハワイという南国情緒漂う楽園《パラダイス》の島々は今もひとつに重なっているのだろう。そして、これからも。

第5章◉飲むパイナップル

◉パイナップルの「ワイン」

パイナップルは食べられる、そう知ったコロンブスはほどなく、それが飲めること、そして先住民は飲み物としてパイナップルを好んでいることを知った。これには相応の理由があった。熱帯地域では、その暑気と湿気のあまり食欲が失われるので、トゥピ族はじめ先住の人たちは——アルコール分を含むものも含まないものも含めて——体力維持のための栄養分を固形の食物より、飲み物や粥状の食べ物から好んで摂った。コロンブスはそのような飲み物（「ワイン」と彼は呼んだ）が実に多種多様で、しかもどこにでもあることに驚いて以下のように航海日誌に記した。

彼らはグアドループ島でわれわれが発見した松かさの形をした大きな果実からもワインを作っ

西インド諸島産のラム酒と農園主。英国の風刺版画。1807年。

ている。この植物は広大な野原で、まさにその松かさのてっぺんに伸びだした若芽から育てられ……3〜4年は絶えず実をつける。[1]

一般的におこなわれたのは果実をおろすか潰すかして果汁を漉すという方法だが、水から煮て香料を加える方法、醱酵させる方法もあった。イタリアの歴史研究家ピエトロ・マルティーレ・ダンギエーラはこう書いている。

こうした人々が食べるのは、われわれが知っているものとはまったく異なるさまざまな種類の果実だけだった。彼らが提供してくれる飲み物は白や赤のワインで、ブドウからではなく、さまざまな果実を潰して作られているが、口に合わないという代物では決してなかった。[2]

1552年にブラジルのトゥピ族の捕虜となったハンス・シュターデンによれば、何日も昼夜を通して続けられる酒宴に供されたのはキャッサバの根、バナナ、ヤシ、アバカシ（パイナップル）から作られたワインだったとされ、この慣習はほどなくヨーロッパ人にも受け入れられた。また、ギアナの新たな植民地への投資者および入植者を募《つの》る案内書を準備していたウォルター・ローリーが謳ったところによれば――

人々は情熱的で、ワインを飲むことを好みます。ギアナに行けば気づかれるでしょうが、それはパイナップルから作られたワインで、大酒呑みによりは貴公子に向くワインです……彼らはまたタバコも大好きで、放っておけば人間ベーコンが出来上がるのではないかと思うほど燻《いぶ》しまくっております……淑女がたの甘やかな口元は果実の王子《プリンス・オブ・オールフルーツ》たるピナ（パイナップル）を頬張っているせいかもしれません。(3)

ウォルター・ローリーはこの箇所を、発表するまえに書き直さなければならなかった。というのも、必要とされたのは一獲千金を狙う冒険者や兵士ではなく、資金援助や地道な植民を考える人々にアピールするもっと真面目なイメージだったからである。

醱酵させたアルコールと醱酵させていない果汁の線引きは、ふたつの理由から微妙だった。そもそも生の果汁は熱気の中であっという間に醱酵した。リチャード・リゴンによる以下の記述にあるとおりだ。

この島（バルバドス島）あるいは世界が提供できる最後の、そして最高の飲み物はパインから作られる比類なきワインだ。これこそが神々が飲まれた不老不死の酒（ネクタル）にちがいない。一滴の水も加えていない純粋な果汁から作られているか、それともこの世の選りすぐりの風味が溶け合った天然混合物をすでに含んでいる何か別のものなのか……純度が高すぎてこのワインは長持ちしない。飲み頃は3〜4日目だ。なにしろ果実を押し潰して、その液体を漉してボトルに詰めて保存するだけだから。(4)

かつてのシンプルなこの飲み物を現代風にアレンジしたものが、皮も芯もスパイス、黒糖とともにゆでて醱酵させたピナだったり、パイナップルで風味づけしたカシャーサ［サトウキビを原料とする蒸留酒］だったりする。

アルコールとジュースの線引きがむずかしい第二の理由は、果汁にも独自の力、つまり一般的にアルコール飲料によって連想される効能があることである。希釈されていないパイナップル果汁は文字どおり万能薬であり、先住の人たちは避妊薬、寄生虫や回虫の下し薬、さらには消化不良の改善薬として利用した。(5) 今日よく知られているように、生パイナップル果汁と茎に含まれる活性薬剤はタンパク質分解酵素ブロメラインであり、最近では製薬、医療、産業の分野で幅広く応用されている。酵素の活用はビバリーヒルズ・パイナップルダイエットでも言及されたが、家庭でよくおこなわれるように、肉を柔らかくするために（パイナップル果汁に）漬け込んだり（パイナップル果汁を）混ぜ込んだりするのも、同じように酵素の働きを利用してのことだ。

新世界に移った大部分のヨーロッパ人は、生パイナップルの果汁が胃の不調を整え、食欲減退を緩和することを知りつつも、一方でアルコールと化した果汁すなわちワインに関心を寄せた。パイナップルをこよなく愛したゴンザロ・フェルナンデス・オビエド・イ・ヴァルデスがパイナップル・ワインの甘さを絶賛したのは甘味が高く評価された時代のことだが、パイナップル・ワインの味は——酸酵状態から腐敗状態への移行が速く——持続しなかった。そのため、人々の関心は砂糖とパイナップルの結婚で誕生した野生児とも言うべきパイナップル・ラムに移っていった。

サトウキビの搾り汁から造るアルコール飲料カシャーサにパイナップルで風味づけをした「パイナップル・カシャーサ」

◉パイナップルのラム酒

サトウキビを新大陸に持ち込んだとき、コロンブスはその絞り汁を使えば蒸留酒を作ることができることも伝えていた[6]。この知識を元にして、果汁を含む混合物の蒸留濃縮技術、砂糖の精製技術（大量の廃糖蜜が発生するようになった）と結びついてパイナップル・ラムが生まれた。その名はリキュール用の樽であるパンチョン（ラムキャスク）にパイナップルスライスを入れる習慣があったことに由来する[7]。現在、欧米ではほぼ忘れられた存在だが、流行していた時期にはパイナップル・ラムは実に魅惑的な飲み物だった。ラム酒そのものが蒸留酒として目新しかった（以前には商品として知られていなかった）ところへ、折しもヨーロッパで人気沸騰中だったパイナップルが加えられていたから、ラム酒の魅力に一層の輝きが添えられることになった。

西インド諸島にあって、初期のラム酒製造法は実に大雑把だった。昼間には貿易風が、夜は陸風《りくかぜ》が吹き抜ける掘っ建て小屋や物置で、ラム酒は大桶や大樽を使って蒸留濃縮された。これは風通しのよさが自然醗酵を促すと考えられていたからで、醗酵が遅いときには、熱くてきれいな砂を桶や樽に少々混ぜ入れて醗酵を促していた可能性もある。とりわけ西インド諸島産ラム酒は「出来上がったばかりの砂糖から生じた糖蜜の新しさ、新鮮さ[8]」の産物であることをその特徴としていた。

ラム酒の品質の悪さは苦味に現れるため、それを和らげるためにパイナップルが使われたふしもあるものの、芳醇な上質のラム酒とパイナップルの風味は見事に融け合うものだった。フルーツやスパイスで風味づけされたラム酒は、果実由来のワインがサトウキビの到来以前から西インド諸島で維持してきた地位を奪い取っていたが、パイナップル・ラムなどのフルーツ系ラム酒の輸出が活況を呈していたわけではなかった。18世紀以降、西インド諸島産の最高級オールド・パイナップル・ラムは英国はじめヨーロッパ各地、さらにはアメリカに輸出されていたものの、そうした地域でも生パイナップルが手に入るようになると、パイナップル・ラムやワインの新たな作り方が見出されていったからである。

大量生産時代以前には醸造酒・蒸留酒の製造は家内産業であり、ワイン、リキュール、コーディアル（果実の風味と甘味のある強いアルコール飲料）、ビール、シュラブ（レモンなどの果汁に砂糖とラム酒などを加えて作る酸味のある飲料）を作ることは重要な家事技術だった。熟れていない

ラム酒とパイナップルのカクテル。パイナップル・ラムとビターズ（苦味酒）を混ぜたもっともシンプルなもので、ラム酒が染み込んだパイナップルは最後に食される。

英国のエリート層の付き合い酒。1786年。風刺版画。酒盛りの中心にいるのは英国の第1王位継承者（皇太子）。テーブルにはパンチボウル、パイナップルが並べられている。

輸入品のパイナップルの皮を剝き、輪切りにして、砂糖を入れながら石の壺に積み重ね、ラム酒を満たして蓋をし、温度の上がらない場所に保存して熟成されるのを待った――同じ手法は今日、砂糖をまぶした生フルーツをラム酒の中で保存するルムトプフ（ラムポット）に採用されている。

それでも当時、第一の関心事はフルーツではなく、風味のついたラム酒のほうだった。ラム酒あるいは他の醸造酒に混ぜるパイナップルシロップは、生パイナップルを絞った半パイント（約３００ミリリットル）ほどの果汁を絞りかすとともに２日間放置して醱酵させてから漉して作られた。そこに砂糖５００グラムほどを加え、３分火にかけて不純物をすくいとり、漉して透明になったものがジン・パンチ・ア・ラ・バローズのような飲み物に使われたのである。

１８７０年、『クーリング・カップス・アンド・デインティー・ドリンクス *Cooling Cups and Dainty Drinks*』の著者は、パイナップルの豊かで極上の風味を「西インド諸島および熱帯地域からこの国に大量にもたらされた香味――かの地にだけ存在する香り」と称賛し、半オンス（約15グラム）のパイナップル・オイル（酪酸《らくさん》エチル）と3・5オンス（100グラム強）の精留醸造酒を混ぜて作るパイナップルエッセンスのレシピを紹介した。果汁が容易に入手できなかった時代には、このようなエッセンスがサイダー・ネクター・ア・ラ・ハロルド・リトルデールのような「カップ」の香りづけに利用された。

英国では、西インド諸島産の最高級オールド・パイナップル・ラムは食料商から上流階層へとその販売が続けられ、オックスフォード・パンチなどの飲み物に利用されたが、パイナップル・ワインは社会の関心を失っていった。チャールズ・ディケンズの『ピックウィッククラブ遺文録』では、スティギンズ師が「あっさり説得されて熱いパイナップル・ラム・アンド・ウォーターをもう1杯飲み、2杯、3杯と続けた」が、パブの経営者や醸造業者は、生フルーツとして、さらにはシロップ、風味づけとしてパイナップルを使えば、安いラム酒の粗雑な味をごまかして購買層をますます拡大できることに気づいた――そして実際、このパイナップル・ワインは大いに人気を集めた。

ヴィクトリア朝時代の警察にはパイナップル・ラムの過剰摂取による暴力行為の通報が相次いだ。その中には、ロンドンのピカデリーで起きた、大々的に報じられた女性の一団による飲酒絡みの事件も含まれていて、ミセス・ウォーカーなる女性はこのように判事に申し開きをした。「私の罪は最高級のパイナップル・ラム・アンド・ウォーターの水割り1杯で気が大きくなったこと、それだ

けでございます」。そう言って、彼女は折からの「クリスマス」シーズンを盾《たて》に減刑を主張した。(9)

◉禁酒法と缶ジュース

このようなふるまいはホノルルでは許されなかった。ハワイは「砂糖あるところにラムあり」の原則が例外となる唯一の地だったからだ。組合教会主義派使節団の影響から、ラム酒作りはハワイでは発達できず、ハワイのパイナップル缶詰業者によって配布されたレシピ集でもアルコール飲料（の作り方）は紹介されなかった。

そのため家庭でアルコール飲料がおおっぴらに作られることはなく、大抵はサトウキビ畑やパイナップル畑の片隅で「パイナップル・スワイプ」の名で呼ばれるものが作られるにとどまった。コロンブスが遭遇したパイナップル・ワインの面影を残す「スワイプ」は、見事に熟したパイナップルの冠芽部分を切り落とし、果肉を賽の目に切って、必要であれば砂糖を加えて果実に戻し、冠芽をのせ直して2〜3日炎天下で醗酵させて作られた。そしてその味は、地元で言われていたように「スワイプする（ガツンとくる）」ものだった。

アルコールの製造・輸送・販売の禁止、つまり禁酒法が1919年から1933年にかけて北米で施行された。これはハワイ諸島の節酒派には好都合であると同時に、パイナップル産業にビジネスチャンスを提供することにもなった。アルコール飲料がないことがノンアルコール飲料への新たな需要を生んだのである。

まずソフトドリンク（ソーダ）に、それからフルーツの缶ジュースに人気が集まった。大恐慌時代初期に見られた節食熱も、一般的には、北米でフルーツジュース販売が伸長した一要因と見なされている。[10] １９３２年にはドールズ・ハワイアンパイナップル・カンパニーが初めてパイナップル缶ジュースの製法を開発し、パイナップルの潜在市場を2倍にした。

パイナップル缶ジュースには、輸送が容易で、普及し始めた家庭用冷蔵庫で冷やしておけるという利点ばかりでなく、飲んでよし、調理によしという使い勝手のよさもあった。缶詰業者は、消費者がごくりと喉を鳴らしそうな言い回しでパイナップルジュースを紹介した。

太陽の下で熟したパイナップルをハワイで食べること。それは生涯忘れられない経験となります。ご自身でパイナップルを選び、冠芽を手に取ってください。そしてすっぱり切り落としてください。それから皮を剝いて厚くスライスします。ナイフが触れるか触れないかのうちに滴り落ちる果汁に、みなさんきっと驚かれることでしょう。ひと口かじれば果汁が顎を伝って地面にポタリ――まるでスイカを食べているようです。そのひと口はできるかぎり素早く呑み込んでください。まだまだ果汁が口いっぱいに広がりますから、喉を詰まらせないために、です。まさに一度も体験したことのない素晴らしい風味！　こんなにおいしい果汁が今、缶ジュースとなって合衆国の各地でご利用いただけるようになりました。[11]

1932年にパイナップル缶ジュースが開発されたことでパイナップル市場は一変した。

ドール社はその後、名高い広告代理店N・W・エイヤー・アンド・カンパニーを雇ってフルカラーの広告キャンペーンを全国規模で展開し、ドール・ブランドのハワイアンパイナップル缶ジュースの販売促進に努めた。新発売の缶ジュースを当時の豪華な観光事業、南国情緒たっぷりのハリウッド映画と結びつけたこのキャンペーンの後を受けて、「ドール・パイナップルジュースがもたらす新たな風味、新たなみずみずしさ、新たな歓びにあふれる逸品ばかりのレシピ」集もすぐさま出版された。パイナップル缶ジュースのセールスは天井知らずの勢いを見せた。

1935年に出版された『モーニング・ヌーン・アンド・ナイト *Morning Noon and Night*』ではパイナップルジュースが魚料理、肉料理、フルーツサラダやフルーツカップ、フローズンデザートばかりでなく、ソースやドレッシングにも使われている。ただし18の飲み物（パンチ、フィズも含まれていた）のレシピはいずれもアルコール「抜き」だった。

「抜き」はほどなく解消された。禁酒法の届かないところでは、伝統的アイランドパンチのようにあれこれのフルーツを入れたりはしないで、ベースになる酒と何かの果汁だけで作るカクテルの時代が到来していた。パイナップルジュースは強い基酒《きしゅ》を使うカクテルにとっての不可欠な副材料となった。パイナップルの栽培地である西インド諸島では、パイナップル果汁は以前からさまざまなドリンクの副材料であり、ハバナ［キューバの首都］の高級ホテル、テレグラフォは生パイナップルを使ったダイキリで有名だった。

前述したレストラン「トレーダー・ヴィック」の創立者バージェロンも、ハバナにあるラ・フロ

ピニャコラーダ――ラム酒をベースにココナツミルクとパイナップルジュースで作られるカクテル

リダ（バー）で出されるカクテル、ピノフリオに熱を上げたが、彼自身が記しているように、その地では独創的な装置を使ってパイナップルの果汁を絞っていた。

ハバナで酒を扱う店には――アイスクリームパーラーやタバコ店、ありきたりの酒場でも――ミシンとも、コーヒー豆のグラインダーともつかない装置がカウンターに置かれていて、あちこちの店でキューバ人がそれにパイナップルを突っ込んで、柄をぐるぐる回している。すると最高のパイナップル果汁がジュース口から流れ出てくる。出てきたパイナップル果汁とラム酒を2～3杯、それから砕いた氷をハンドシェーカーに入れて数回華麗にシェークして一気にグラスに注ぐ。こうして出来上がるのが、味わったことがないほど爽快なカクテルだ。(12)

ハワイ産パイナップル缶ジュースの登場によって、この装置は時代遅れのものとなった。と同時にパイナップル・ラムも――普通のラム酒にパイナップル缶ジュースを加えればこと足りるため――わきに押しやられていった。

一方、禁酒法の廃止とともに人気沸騰したラム酒とパイナップルジュースのカクテル熱は今も続いている。ただし、くり抜いた生パイナップルに注がれていたり、セラミック製のパイナップル型ゴブレットに注がれていたりと、豪華に供されるようになってきている。(13)

トレーダー・ヴィックによって生みだされた代表的カクテル、マイタイも最初はパイナップルジュー

ブルーハワイ（カクテル）――ラム酒をベースにパイナップルジュースとブルーキュラソーで作られる。

スが使われることも、パイナップルの若芽が添えられることもなかったが、今ではどちらも必ず使われている。他にも、ラム酒とライムジュース、ピーチリキュール、パイナップルジュースで作られるカクテル、ミショナリーズ・ダウンフォールなどがトレーダー・ヴィックのライバル、ドン・ザ・ビーチコーマーによって、ラム酒、ココナツミルク、パイナップルジュースを使った有名なカクテル、ピニャコラーダがプエルトリコ、サンファンにあるカリベ・ヒルトンのバーテンダー、ラモン・マレロによって作りだされている。

しかしいずれにしても——アルコールだろうがノンアルコールだろうが——おいしい混合飲料のすべてがそうであるように、パイナップルドリンクもパイナップル自らが創造したもの、すなわち作りだされるべくして作りだされたものだったと思われる。

第6章◉世界のパイナップル

◉ハワイアンパイナップルのライバル

全盛の頃でさえ、ハワイアンパイナップルの生産者にはライバルがいた。とりわけ強敵だったのが大英帝国内の生産者だった。19世紀末には輸入食料に依存するようになっていた英国にとって、輸入食品を——諸外国や他国の植民地からではなく——可能なかぎり（大英）帝国内から運び込んでくることは、経済的見地から一大関心事だった。最高級と見なされていたハワイアンパイナップルの缶詰はフォートナム・アンド・メーソンのような高級百貨店で販売されていたが、一般市場へは、建て前として、帝国内産地から供給される道が模索された。

パイナップルは西インド諸島にかぎらず——大航海時代、帝国形成の時代に自然に伝播《でんぱ》したり、持ち込まれたりして——すでに英国植民地各地で栽培されていた。なかでも順調な生育が見られたオーストラリア北部、南アフリカ、英領マレーシアの3地域では19世紀後半から20世紀初めにかけて、パイナップルの集中的栽培が推し進められた。たとえばマレーシアでは専用の畑ばかりでなく、ゴムの若木の間にもパイナップルが植え付けられた。オーストラリアではヴィクトリア州、ニューサウスウェールズ州における英国風果樹園でのパイナップル栽培、そしてノース・クイーンズランド地方（クイーンズランド州）における「サトウキビ（のエメラルドグリーン）とパイナップル（の赤紫色）の畑地栽培」のコントラストが訪問者の目を引いた。[1]

1926年には大英帝国内の物産の振興を図ってその生産性を高めようと、英帝国通商局（マーケティング・ボード）、通称EMBが設立された。[2] EMBは当時の主だったアーティストに帝国物産品の宣伝ポスターを依頼したり、物産品のためのディスプレー材料を商店に提供したりしただけでなく、販売促進のためのキャンペーンを全国的に展開した。また、帝国産フルーツだけを使った特製クリスマス・プディングなどのレシピも考案され、そのプディングが国王ジョージ5世に贈られたりもした。このレシピは一般にも公開され、瞬く間に世界中でもっとも有名なレシピとなった。さらにEMBはフォーマル・ディナーを開いて明確な姿勢を打ちだした。

以下の1928年8月の季節メニューが示すとおり、ディナーのメニューが帝国産の食料だけから作られた料理で成り立っていたのである。

プリンスオブウェールズ・メロン

アイリッシュ・コンソメスープあるいはモントリオール・クリームスープ
ヒラメのポンタック・ワインソースかけ
サセックス・ラム・エンパイアの鞍下肉《サドル》
シャーベット・サンジバル［アフリカ東海岸のザンジバル諸島は当時イギリスの保護領］
ワージング［イングランド南部の地名］・アスパラガスのオーストラリア・バター添え
サリー［イングランド南東部の州名］・チキン・ブリタニアとスーダン・サラダ
ナタール・パイナップルのクイーンズランド・シュガーベール［ナタールは南アフリカ共和国東部の地名。クイーンズランドはオーストラリア北東部の州名］
自治領土《ドミニオン》・フルーツ
タンガニーカ・コーヒー[3]［タンガニーカは当時英国委任統治領だったアフリカ東部の一国］

ＥＭＢによって公表されたこれらのレシピが一般大衆に配布されると、帝国物産品の売り上げは伸びた。その影響で植民地でもパイナップル栽培と缶詰加工が広まって、より多く消費されるようになると、新たなレシピも登場した。ホイップクリームと果実で飾ったメレンゲケーキ、パブロワは――その発祥地をめぐってオーストラリアとニュージーランドの間で論争が今も続くが――バレリーナのアンナ・パブロワを称えて考案されたもので、１９２６年にニュージーランド南東のアンティポディーズ諸島を訪問した彼女に贈られたケーキだ（このときのパブロワにはパイナップルが使われていた)。

◉世界のパイナップル

東南アジアではパイナップルは生のままで活用されてきていたが、新たに出回るようになった缶詰パイナップルは一年中手に入るうえに、輸送も容易であることから、北米やヨーロッパにおいてと同様、パイナップルの利用幅をさらに広げた。北米やヨーロッパでは中華料理店の「オリエンタル」料理——とりわけ西洋人の味覚に合わせて作られる甘酸っぱいパイナップル・チキンやパイナップル・ポーク——に多く使われるようになった。

持ち帰り中華料理の典型——パイナップルとピーマン入り酢豚。

オーストラリアのパイナップル産業に害を及ぼす可能性のある害虫・病原体の侵入を防ぐ検疫。記念切手。

第二次世界大戦の勃発でマレーシア、台湾、フィリピン諸島でのパイナップル事業は一旦崩壊したが、平和の訪れとともに復活した。戦後のオーストラリア、南アフリカでもパイナップル生産が拡大し、東アフリカ、西アフリカでもパイナップル栽培のための努力が重ねられた。1960年代にはコストの高騰、競争の激化、市場のグローバル化から、ハワイのパイナップル企業は事業の場を東南アジアおよびフィリピン諸島に移した。そうした地域ではヨーロッパ諸国による初期の大航海時代に遡る歴史に乗じることが可能であり、実際その歴史を上書きするかのように、彼らはハワイパイナップル研究所（主要営利団体となっていた）によって開発された新種MD－2（ゴールデンパイナップル）を移転先に持ち込んだ。

ヨーロッパ人の到来以前、新世界の先住民はパイナップルの繊維を使って布を織ったり、網やロープを作ったりしていた。パイナップルが伝播した地域にあっては、どこでても似たような繊維活用法が生みだされていたが、フィリピン諸島のピーニャクロスはとりわけ注目に値する。パイナップルの葉から手間暇かけて取りだされた繊維で作られるこの布は軽くて上質で、バロンタガロク（フィリピン男性の正装用シャツ）を仕立てるのに用いられている。

現在パイナップルは臨床医学、代替医療、美容、製薬などの分野で新たに活用されたり、生物燃料として利用されたりして、その用途は多様化しつつある。それでもその中心は食・飲料としての用途であり、大量生産される調理済み加工食品の市場においてはこれまでになかったさまざまな使い方も開発されている。それとわかる形では使われていない新たな活用法も少なくないが、たとえば調理済み加工食品、飲み物、デザートにおいては主役の食材と混ぜ合わせて使われ、食品の風味や甘味、酸味をしっかり演出している。

今日パイナップルはグローバルな農産物となり、ドール・フード・カンパニー（世界最大の生鮮野菜・果物の生産者）をはじめとする現代的な多国籍企業が提供する一大商品となった。バナナに次いでもっとも広く食されている熱帯果実であり、生で、冷凍で、缶詰で、さらにはドライフルーツとしてばかりでなく、ジュースとして、濃縮果汁、ピューレーとして販売されたり、エッセンスとして、シロップとして、風味づけ・香りづけパウダーとして販売されたりしている。

世界のパイナップル生産国は――減少しつつはあるが順位に変動はなく――上位から、（原産地

パイナップルのマッサージオイル

である）ブラジル、フィリピン諸島、タイ、コスタリカ、インドネシアである。生産を増大させているのは中国、ケニア、ナイジェリア、インド、コートジボワール、メキシコであり、中南米とカリブ海の島々でも販売用パイナップルの生産が続けられている。アジア諸国では缶詰など加工パイナップルの輸出が主流だが、生パイナップルの輸出に重きを置く国もないではない。反対にブラジルでは、生産されたパイナップルの多くが国内で消費されている。同様に、オーストラリア、南アフリカも大きな国内市場をかかえている。

今日、世界をめぐれば、その地の特産・名産とされる飲食物にパイナップルが使われている場合が少なくないことに必ず気がつくはずだ。名物（とされる）料理のレシピはソーシャルメディアやインターネット上でとことん追跡され、調べ上げられ、写真がシェアされ、コメントが加えられる。こうした指先の操作だけで現実の世界を探求するとき、注意しなければならない大切なことがある。そうした情報は出来上がったものの味を教えてくれるものでしかないということであり、だから筆者はここまでの各章で歴史と背景を語ってきたのである。

ニュージーランドには昔ながらのパイナップルランプス（国民的好物とされるソフトキャンディのようなお菓子）もあれば、パイナップル・パブロワもある。さらに、グリルされるまえのニュージーランド・ラムはパイナップルジュースでマリネされたりもする。オーストラリアではパイナップルケーキ（帝国時代のイギリスのフルーツケーキに似ているが、オーストラリア産熱帯果実しか使われない）や（クリスマスやティータイムのために）パイナップルブレッドが作られる。

日本のデザート、パイナップル寒天。

フィリピン諸島にはパイナップルを使ったレシピが数多くあり、ピニャハング・マノック（鶏肉のパイナップル煮）が人気を得ている。南太平洋地域ではポワソンクリュ・アナナス（ココナツミルク、ライムジュース、さらにはパイナップルも加えて作るツナのマリネ。刺身風の料理）がお薦めだ。

日本では、完熟パイナップルがきれいにカットされて切れ目を入れて供されるのがもっとも好まれているスタイルのようだが、探してでも食べてみる価値があるのはパイナップル寒天だ。

東南アジアではニョニャ（プラナカン）料理がお薦めだ。ニョニャとはペナン島、マラッカ、シンガポール、インドネシアに移ってきた初期の中国人移民（パイナップルがしばしば使われる中華風マレーシア料理を生みだした）の子孫のことで、ニョニャ料理の中でも好まれているのがウダン・ルマッ・ナナス（エビとパイナップルのカレー）だ。

東南アジアの各地および中国では、新年にパイナップルタルトを食べる風習がある。パイナップルを表す漢字の発音が「縁起が良く子孫が繁栄する」という意味の漢字の発音に似ているために、新しい年の初めに食べるパイナップルタルトがラッキーフードとされたのだった。同じ理由から、台湾でも新年にはパイナップルケーキが食され、祝賀期間中は朱色（縁起がいいとされる）のパイナップルをかたどった提灯が飾られる。

パイナップルが新世界から東南アジアにもたらされたのはキャッサバがもたらされたのと同じ頃で、アジアではキャッサバの根は粉状の食用澱粉に加工された。この粉にパイナップル、ときにはココナツを混ぜ入れ、冷たくて喉越しのいいプディングやパイナップル風味のボバティー（バブルティー）が作られた。カンボジアでのお薦めはパイナップルと豚肉とココナツミルクの入った「サワースープ」だ。インドでは――初期の頃にはパイナップルを受け入れ、栽培もおこなわれていたが――不思議なことに、パイナップルに人気が集まることはなかった。それでもパイナップルフリッター（英国統治の全盛時代には食された）は探して食べてみるか、あるいは作ってみる価値はある。また、インドでは選りすぐりのパイナップルでパイナップル・チャツネ、パイナップル・サンバルも作られている。

中国にもたらされた当時、パイナップルは贅沢品として砂糖シロップ漬けで保存された。生姜の

中国の新年用パイナップルタルト

中国の新年祝賀用パイナップル・デコレーション

南アフリカのパイナップル農場に造られた集客のための巨大パイナップル

シロップ漬けと似た製法で作られるシロップ漬けは今もあるが、パイナップル生産国となってからは路上で販売される生パイナップルの人気が高くなっている。面白い形にカットして、キャンディバーのようにカートに並べて露天商が売るのである。また、家庭用の1個売りも広くおこなわれている。

オランダ人によってパイナップルがもたらされた南アフリカでは、パイナップル入りのボボティ（カレー風味の肉、ドライフルーツの入った郷土料理でクリームをトッピングする）に代表される「ケープ・マレー」料理が東南アジアおよびインドから伝播した植民地の食文化を彷彿とさせる。

一方、南アフリカ産のパイナップルが食材や薬味としてふんだんに使われる現代風の多国籍料理もある。パイナップルとクーズー（羚羊）のケバブでは、クーズーの肉が生パイナップルの果汁で

炎に包まれるハワイアンパイナップル

マリネされて柔らかくなったところで、ぶつ切りパイナップルと一緒に串焼きにされる。1639年に西アフリカのギニア西海岸に渡ったある航海者の報告によれば、先住民はパイナップル（ポルトガル人によってもたらされた）を好み、生で、あるいはヤシ油で調理したりして食していたようだ。この調理の伝統は受け継がれ、今もパイナップルはそれだけで調理されたり、スパイス、肉、プランテーン（料理用バナナ）などと一緒に調理されたりしている。なかでもおいしいのが西アフリカ産ピーナッツを使ったシチュー風スープで、鶏などの肉と一緒にトマト、トウガラシ、ピーナッツを――場合によってはパイナップルも加えて――煮込んで作るスパイシーな一品だ。

ヨーロッパでは、オランダが旧世界で最初にパイナップルを栽培したが、その地では今でも上質のパイナップルのコンフィ（ジャム）が作られたり、植民地風料理にパイナップルが使われたりしている。パイナップルはオランダのカレー料理の材料であり、有名なライスターフェル（「ライステーブル」の意で、インドネシア料理をビュッフェスタイルで供する）にも登場する。

ドイツにはパイナップルケーキ、パイナップルタルト（アナナス・クーヘン、アナナス・トルテヘン）ばかりでなく、パイナップル入りザウアークラウト、サマー・ボウレ（パイナップルの入ったフルーツパンチ）もある。フランスでは、熱帯果実はたとえばクレームブリュレ・アナナスのような高級デザートに使われている。スペインで忘れてはならないのはパイナップルビネガーだ。ビネガーそのものは最初の植民者が新世界に持っていった必需食料のひとつだったが、新世界でパイナップルと組み合わされ、爽快な気分を味わえるめずらしい調味料パイナップルビネガーとなり、瞬く間に――メキシコにおいてのみならず――本国スペインでも人気を集めた。

◉「私のペンをもってしても……」

料理人気分でめぐった駆け足の旅も、出発点である新世界に戻ってきた。

現在、カリブ海の島々は、朝食からディナーに至るまでの食・飲料となるパイナップルを――パイナップルジャム、パイナップルケーキ、パイナップルパイ、サツマイモと一緒にブラウンシュガーで調味されたパイナップル、パイナップルとオールスパイスを使ったポットローストポーク、回りの早いパイナップルパンチ等々――大量に送りだしている。

極上のシーフードが獲れ、パイナップルが豊かに実をつける中米の太平洋側海岸線地域では、そのふたつを組み合わせた強い風味のシーフードサラダが作られている。

アルゼンチンではパイナップルサルサがシュラスコ（直火で焼いた肉）になくてはならないものとなっているし、パイナップルの故郷であるブラジルでは、どの市場に行っても、見事に熟したパイナップルが売られているばかりか、植民地時代の風味豊かなケーキやデザートが今も作られている（なかでも有名なのがクリーミーなパイナップルプディング、ドセ・デ・アバカシだ）。

巻末のレシピ集では、料理皿の上の歴史、グラスの中の歴史をお伝えする。最初に掲げた疑問――王の果実《フルーツ・オブ・キングズ》がいつ、どのように、そしてなぜ果実の女王《クイーン・オブ・フルーツ》となったか――の回答も第3章ですでに提示した。本文を閉じるにあたって、私と同じくらいパイナップルを愛した男ゴンザロ・

フェルナンデス・オビエド・イ・ヴァルデスの、これだけは同意できる言葉を記すことにする。「この果実の比類なき質のよさは、私のペンをもってしても剣をもってしても、描き切ることも称え尽くすこともできない」(4)。

ならばパイナップル自身に伝えてもらうしか方法はない。さあ、ご自身でお試しあれ。

謝辞

親愛なる友人ポール・サイディに愛をこめて本書を捧げる。有能な編集者であり、写真家でもある彼は本稿を査読し、スペインの宮殿やコーンウォールのジャングルのような庭園で私に代わって写真撮影をしてくれた。それにおいしいランチ、ディナーもご馳走してくれた（ありとあらゆるものをふたりで食べたけれど、パイナップルは食べなかった）。マイケル・リーマン、リークション・ブックスのアンディ・スミス、ハリー・ギロニス、それからマーサ・ジェイ、コロニアル・ウィリアムズバーグ財団のジュリー・ミュアヘッド・クラーク、ジョン・F・ケネディ大統領図書館のステーシー・チャンドラー、ハワイ大学マノア校図書館のジョーン・ホリに感謝する。そしてジリアン・ライリーとヘレン・サベリの温かい親交と数々の有益な助言に、ティモシー・オサリバンの軽妙な才知に、ノエル・リーズとダローニ・リーズ夫妻の尽きることのない熱弁に、アナステージャ・ベリーのバロンタガログに、サラ・バーンの愉しいフィールドワークに、レイチェル・ラウドンの「テーブルクロス汚し」に、デヴィッド・ジャッドの励ましと忍耐に、リナ・ギルのパイナップル・イヤリングに、マリアンヌ・フェルマンスの長年の歓待に、マーサ・ヤマシロのパイナップル・スペアリブに、トマス・エリオットのパイナップルランプスに感謝する。最後に、わが娘キラ・エヴァ・トキコ・カリヒリヒオケカイオカナロア・フィオン・ルセラ・ホプキンズ、最高のあなたでいてくれてありがとう。

訳者あとがき

本書『パイナップルの歴史』（*Pineapple: A Global History*）はイギリスのReaktion Booksが刊行しているThe Edible Seriesの一冊であり、食の文化、食の歴史をあつかうこのシリーズは２０１０年、料理とワインに関する良書を選定するアンドレ・シモン賞の特別賞を受賞している。

著者カオリ・オコナー氏はユニヴァーシティ・カレッジ・ロンドンで文化人類学的立場から食文化を研究なさっていて、２００９年には食物史の優れた研究に対して与えられる「ソフィー・コウ賞」を受賞されている。それだけに「レシピ集では、料理皿の上の歴史、グラスの中の歴史をお伝えする」と書いているとおり、レシピ集のみならず、本文からも「出来上がったものの味」を伝えるだけの「情報」ではなく、それぞれの料理、飲み物の「背景」が目に浮かぶように伝わってくる。

コロンブスによって１４９３年に「発見」されたとされるパイナップルだが、著者によれば、実のところ、それ以前からアマゾン川中心流域に伝播していたという——いったい、実際には、どれくらいの時の流れの中をパイナップルは生き抜いてきたのだろう？

「発見」以降だけを計算しても５００年以上の歳月が流れ、そのあいだに人間社会は大きく、複雑に様変わりをした。本文では、そのような様変わりとともに、パイナップルのイメージ、そして食材としての使われ方はもちろん、地域社会の経済の一端を担うものとしての役割も変化したり、さらに多角的になったりしたことが、時代別、あるいは国や地域別に明かされている。この点で、本書は「パイナップル各国史」「パイナップル紀行」としても興味深く読んでいただけるのではないかと思う。

パイナップルのイメージは「果実の王」から「果実の女王」、さらには「ハワイに代表される南国情緒」へと変化して今日にいたっている。日本では、とくに夏に、パイナップルが使われていたり含まれていたりする食品が目立ち、この夏も、生のパイナップル、定番のジュースや缶詰ばかりでなく、たとえばパイナップルの果肉の入ったヨーグルトやゼリーなどのデザート、シュークリーム、ロールケーキ、マシュマロなどのスイーツが大量に出回っている。そしてそのような商品、とりわけ季節限定のスイーツなどの広告やパッケージには「海、太陽、南国の島」を連想されるものが少なくない。読者の中にも、そのようなスイーツの甘酸っぱいおいしさとともに、どこかまったりしたリゾート気分を楽しまれた方もいらっしゃるのではないだろうか?

確かに日本では、パイナップルはデザートやスイーツに利用される食材としての印象が強いかもしれない。けれども本書にも記されているとおり、生のもの、缶詰(スライスもチャンクもある)、ジュース等、用途に合わせて選べるという使い勝手のよさから、パイナップルはコスモポリタン的料理の名脇役にもなり得る食材となった。実際、パイナップル(チャンク)をトマト煮に加えたり、市販のサルサ（ソース）に加えたりして（本文に記されているパイナップルサルサ風になる）、無国籍料理に早変わりしたイタリアンやメキシカン（料理）の、一風変わったマイルドな味わいを訳者もたびたび楽しんでいる。

調理して楽しく、食べておいしい食材パイナップルは、やはり「想像力」を刺激してくれる食べ物なのかもしれないと思う。と同時に、まだ活用されつくされていない食材なのかもしれないという気もする。そんなことを思っていると、著者やオビエドには遠く及ばないながらも、訳者もパイナップル・ファンの一人となって、さらにパイナップル料理に挑戦してみたくなる。

最後になるが、本書の訳出には多くの方々のお知恵を拝借した。そして原書房編集部の中村剛氏、翻訳作業の最初から最後まで何かとサポートしてくださったオフィス・スズキの鈴木由紀子氏に心よりお礼申しあげる。

２０１５年８月

大久保庸子

写真ならびに図版への謝辞

図版の提供と掲載を許可してくれた関係者にお礼を申し上げる。

Photo © adlifemarketing/iStock www.istockphoto.com: p. 125; photo © AlexanderZam/iStock www.istockphoto.com: p. 52; photo © AndrewLam/iStock www.istockphoto.com: p. 155上; author's collection: pp. 79, 117; photo © BackyardProduction/iStock www.istockphoto.com: p. 76; The British Museum, London: pp. 10, 11, 13, 17, 31, 41, 43上, 51, 69; photos © The Trustees of the British Museum, London: pp. 8, 10, 11, 13, 17, 31, 36, 41, 42, 43上, 43下, 48, 51, 62, 69, 130, 136; photos © edoneil/iStock www.istockphoto.com: p. 71上, 123; photo © evgenyb/iStock www.istockphoto.com: p. 144; photo © fesoj/iStock www.istockphoto.com: p. 61; photo © FourOaks/iStock www.istockphoto.com: p. 157; Ham House, Surrey (Stapleton Collection): p. 25; photo © hofred/iStock www.istockphoto.com: p. 155下; photo © imagestock/iStock www.istockphoto.com: p. 112; photo © ivanmateev/iStock www.istockphoto. com: p. 142; photo © janeps/iStock www.istockphoto.com: p. 149上; photo © Juanmonino/iStock www.istockphoto.com: p. 120下; photo © kcastagnola/iStock www.istockphoto.com: p. 33; photo Lisa Larsen: p. 74下; photos Library of Congress, Washington, DC: pp. 71下, 78, 110; photo © logneticstock/iStock www.istockphoto.com: p. 135; photo © lucato/iStock www.istockphoto.com: p. 133; photo © matka_Wariatka/iStock www.istockphoto.com: p. 151; photo © mikeklee/iStock www.istockphoto.com: p. 121; Nationalmuseet Copenhagen: p. 38; photo © ncognet0/iStock www.istockphoto.com: p. 156; photo © raclro/iStock www.istockphoto.com: p. 149下; photo © rcp/iStock www.istockphoto.com: p. 66; photo © repistu/iStock www.istockphoto.com: p. 153; photo © rojoimages/iStock www.istockphoto.com: p. 101; photo © RonTech2000/iStock www.istockphoto.com: p. 120上; photo © sbossert/iStock www.istockphoto. com: p. 122; photo Paul Sidey: pp. 21, 46; photo © skodonnell/iStock www.istockphoto.com: p. 126; photo © Time & Life Pictures/Getty Images: p. 74下; photos © ropicalpixsingapore/iStock www.istockphoto.com: pp. 105, 109; photo © ValentynVolkov/iStock www.istockphoto.com: p. 140; Victoria & Albert Museum, London: pp. 35, 63, 83, 91, 97, 100; photos © Victoria & Albert Museum/V&A Images - all rights reserved: pp. 35, 63, 83, 91, 97, 100; photo © vikif/iStock www.istockphoto.com: p. 74上.

参考文献

Bartholomew, D. P., with Robert E. Paull and K. G. Rohrbach, eds, *The Pineapple: Botany, Production and Uses* (Wallingford, CT, and New York, 2003)

Beauman, Fran, *The Pineapple: King of Fruits* (London, 2005)

Bergeron, Victor J., *Bartender's Guide* (New York, 1947)

—, *Trader Vic's Rum Cookery and Drinkery* (New York, 1974)

Coe, Sophie, *America's First Cuisines* (Austin, TX, 1994)

Collins, J. L., *The Pineapple: Botany, Cultivation and Utilization* (London, 1960)

Hawkins, Richard A., *A Pacific Industry: A History of Pineapple Canning in Hawaii* (London, 2011)

Johnson, G. W., *The Pineapple: Its Culture, Use and History* (London, 1847)

O'Connor, Kaori, 'The Hawaiian *Luau*: Food as Tradition, Transgression, Transformation and Travel', *Food Culture and Society*, X1/2 (2008), pp. 149-172

Okihiro, Gary, *Pineapple Culture: A History of the Tropical and Temperate Zones* (Berkeley, CA, and London, 2009)

Roche, Thomas W. E., *A Pineapple for the King* (London, 1971)

レシピ集

食べるパイナップル

◉フレデリック・ナットのパイナップル菓子

フレデリック・ナット著,『ザ・コンプリート・コンフェクショナリー *The Complete Confectionery*』(ロンドン, 1819年)より。

フレデリック・ナットは英国上流階層の顧客を多くかかえる名店ネグリ・アンド・ウィッテンの菓子職人だった。以下で,パイナップルの看板のもとバークリースクエア(ロンドン)に開かれたネグリの店で次々に発表されたナットのレシピを紹介するが,それらを見ると,ジョージ王朝時代,ヴィクトリア朝時代に腕を振るったエリート菓子職人たちがパイナップルをどのように使っていたがよくわかる。なかでもアイスキューブ用トレーを使って作ることができるパイナップルアイスクリームは濃厚すぎず,お薦めの一品で,風味づけにきざみいれた砂糖漬けパイナップルが効いている。

プリザーブスタイル(ウェット)のパイナップルチップス

1. パイナップルの上部を持って外皮を削ぎ落とし,両端を切り落として果肉部分を5ミリ程度の輪切りにする。
2. 陶製の深鍋と450gほどの砂糖を用意し,用意した砂糖の一部を深鍋の底に敷き,その上にパイナップルスライスを重ならないように並べる。また砂糖を敷いてパイナップルを並べる。この作業を鍋がほぼ一杯になるまで繰り返す(最後のひと並べのパイナップルの上にはかなり多めの砂糖をのせる)。
3. 紙蓋をして,砂糖がほぼ溶けたことが確認できるまで放置する。パイナップルとシロップ(溶けだした砂糖)を半時間ほど煮立たせ,元の鍋に戻し,翌日また煮立たせる(この作業を8日間続けると,パイナップルの汁気は完全になくなるが,シロップが固まってくっついてしまった場合にはパイナップルを少量の水に浸す)。
4. パイナップルの汁気を拭い,ザルに並べて乾燥させる(このときザルは乾燥したものを使う)。
5. 布袋をふるい代わりに使い,パウダーシュガーを少量振りかけてパイナップルを窯に入れる。べとつきもなく型崩れもしない状態になったら,窯から取りだし,白い紙を敷きつめた箱などに入れる。

パイナップルシロップ

1. パイナップルチップスのレシピにあるように,保存のために煮飛ばしてしまうまえのシロップ(溶けだした

砂糖）を取りだし，3～4回煮立て，熱いうちに瓶に詰める。
2. 翌日コルク栓をして保存する。

パイナップルアイスクリーム
1. 200mlほどのパイナップルシロップを浅いボウルに入れてレモン1個半を絞る。
2. 570mlのクリームを加えてなめらかにし，フリージングポットに入れてバターほどの固さに凍らせる（パイナップル形に固めたい場合には流し型を使い，パイナップル形アイスクリームの半分をハトロン紙でぐるりと覆ってから氷に入れてしばらくなじませる。このときアイスクリームに水が入らないよう注意する）。

◉アナナス・ア・ラ・クレオール

アンドレ・シモン編，『料理学コンサイス百科事典 *A Concise Encyclopedia of Gastronomy*』（ロンドン，1942年）より。

以下はフランス領西インド諸島から伝播したオリジナル・レシピで，缶詰パイナップルやドライココナツを使ったフルーツカクテルに人気が集まった初期の頃を代表する一品だ。ここでは生の材料ばかりを使って「アンブロシア」（「神々の食べ物」の意）の名のとおり，まさに天上の味わいを創りだしている。

1. 中サイズのパイナップルを選び，銀のナイフとフォークを使って果肉を取りだし，粥状になるまでマッシュする。
2. バナナ3本，オレンジ3個の皮を剝き，バナナは輪切りにして，オレンジは種と内皮を取り除いてマッシュし，1のパイナップルと混ぜ合わせる。
3. 2に細かくおろした小ぶりの生ココナツ，砂糖を加え，レモン果汁で味を調える。
4. 冷蔵庫でしばらく冷やしてから供する。

◉パイナップルタルト

リチャード・ブラッドリー著，『カントリー・ハウスワイフ・アンド・レディーズ・ディレクター *Country Housewife and Lady's Director*』（ロンドン，1732年）より。

初期の頃（1732年）のこの一品は英国および植民地時代のアメリカで食された。注目すべきはパイナップルがワインの香りづけとなることに言及している点だ。以下はバルバドス島産パイナップルで作るレシピである。

1. 上部の葉を捻り落とし，果実部分の外皮を剝きとって1センチほどの輪切りにする。
2. 1を少量のカナリア諸島産ワインあるいはマデイラ諸島産ワインと砂糖でトロトロ煮る（完全に温まると，パイナップルから最高の風味がワインにもたらされる）。
3. 飲みたいと思わずにいられないほど

の風味が感じられるようになったら，火から下ろして，冷めたところで，パイナップル果汁とともに甘いペーストの中に入れる。
4. ペーストを軽く焼いてオーブンから出し，（あれば）クリームを注ぐ。熱いままでも冷めても供することができる。

………………………………………………

◉パイナップルプディング

マリー・キンボール著，『トマス・ジェファーソンの料理手帖 *Thomas Jefferson's Cook Book*』（ヴァージニア州シャーロッツヴィル，1938年）より。

これもまた植民地時代のアメリカのレシピで，第3代アメリカ合衆国大統領トマス・ジェファーソン一家の料理手帖からの一品だ。

1. パイナップルの外皮を（ぶつぶつも残さないよう）きれいに剝ぎ，果肉をおろす。
2. 果肉と同じ重さの砂糖，半分の重さのバターを用意し，バターと砂糖をすり混ぜてクリーム状にし，おろした果肉の中に入れて混ぜる。
3. よくほぐした卵5個と1カップのクリームを加える。ペーストリークラストに入れて焼いても，そのまま焼いてもおいしい。

………………………………………………

◉パイナップルとライム風味のカッテージチーズのゼラチンサラダ

缶詰加工の発明によって流行したのがパイナップルのゼリーサラダで，ごたまぜ風のこの一品には多くのバリエーションがある。

ライムゼラチン…3オンス入り1パック（約85g）
熱湯…¾ カップ
缶詰パイナップル…クラッシュ小1缶（汁気を切る必要はない）
カッテージチーズ…1カップ
ホイップクリーム…½カップ
細かくきざんだセロリ…¼カップ

1. ゼラチンを熱湯で溶かし，缶詰パイナップル果汁（保存されたパイナップルシロップでも可）½カップを加え，固くなり過ぎない程度に冷やす。
2. パイナップル，カッテージチーズ，セロリ，ホイップクリームを混ぜ入れ，固くなるまで冷やす。

………………………………………………

◉パイナップルのミニッツ・タピオカ

ミニッツ・タピオカ・カンパニー，『ミニッツ・タピオカと行く料理人の旅 *A Cook's Tour with Minute Tapioca*』（マサチューセッツ州オレンジ，1931年）より。

1930年代のレトロなレシピで，パイナップルと，デザートとして当時人気を誇ったタピオカがタッグを組んでいる。

ミニッツ・タピオカ…½カップ
塩…小さじ¼
パイナップルの熱い果汁と湯…合わ

せて4カップ

砂糖…½カップ

缶詰パイナップル…1カップ（おろすか，細かくきざんでおく）

1. パイナップル果汁と湯にミニッツ・タピオカと塩を加える。
2. 1を二重鍋で15分，あるいはタピオカが透明になるまで，よくかき混ぜながら煮る。
3. 砂糖，パイナップルを混ぜ入れて冷やし，ホイップクリームを添えて供する（これで8人分出来上がる）。生パイナップルを使う場合，半時間以上ねかせて甘味を強くする必要がある。また，1の果汁にはどんなフルーツの果汁も使える。

……………………………………………

◉ボストン・ベイクドビーンズ・ウィズ・パイナップル

ハワイアンパイナップル缶詰協会，「100人の料理自慢のハワイアンパイナップル *Hawaiian Pineapple as 100 Good Cooks Serve It*」（カリフォルニア州サンフランシスコ，1926年）より。

レシピの言い回しのせいだろうか，使節団を誘惑するアイランド美人が思い浮かんでならない。

1. ひと晩水に浸した1パック分（約850*g*）のインゲン豆を沸騰水に入れて10分間ゆでる。水切りをしたのち，1カップの水を加える。
2. 塩，ドライマスタードをそれぞれ小さじ1，炭酸小さじ½，さらに糖蜜大さじ1を1カップの水に混ぜ合わせておく。
3. 煮物鍋の底に1個分の玉ねぎとクローブ5粒をぴったり敷きつめ，その上に豆を重ねる。さらにハワイアンパイナップルのスライス1枚半分を¼に切って豆の上にのせる。これをもう一度繰り返してパイナップルが上になったところで止める。
4. 100*g*ほどのソルトポークに皮の上から1センチほどの切れ目を入れ，しっかり洗って，皮だけが出るよう豆に埋め，2の調味料を回しかけるように注ぐ。
5. 低温のオーブン（120～150℃）で蓋をしたまま4～5時間，必要に応じて水を補充しながら蒸し焼きにする。そしてさらに1時間，蓋を取って焼く。ハツカダイコンと酸味の効いたピクルスを添えて供する。

……………………………………………

◉パイナップルのアップサイドダウンケーキ

デルモンテ・コーポレーション，「ルアウの定番とアイルランド・レシピ *Luau Favourites and Island Recipes*」（1975年）より。

ケーキミックスを使わない場合，ここに紹介されているイエローケーキミックスの代わりに好みのレシピでイエローケーキを準備すること。

デルモンテ缶詰パイナップル…スライス1缶（567g）
バターあるいはマーガリン…½カップ
ブラウンシュガー…1カップ（しっかり詰める）
ココナツ…⅓カップ
マカダミアナッツ…⅓カップ
マラスキノチェリー（色付きシロップに漬けてマラスキノ酒で味付けしたサクランボ）…5個（半分に割る）
イエローケーキミックス…1袋（520g）

1. 30センチ×23センチのキッチンバットの中でバターあるいはマーガリンを溶かし，砂糖を加える。
2. 1にパイナップル（芯部分にチェリー），ココナツ，マカダミアナッツを見映えよく並べる。
3. パッケージの指示どおりにケーキミックスを準備し，フルーツの上に広げる。
4. 170～180℃ほどのオーブンで45～50分焼くか，焼け具合を確かめるかして，オーブンから出す。
5. 5分冷まして大皿にひっくり返す。
6. 温かいうちでも，冷めてからでも供することができる（12人分出来上がる）。

………………………………………………

◉パイナップル・ココナツ・プディング

植民地時代のブラジルの典型的デザートで，熱帯で人気の基本食品であるコンデンスミルクを使用している。ヨーロッパのトライフルを手本にしているが，南国風のひと味が効いている。

コンデンスミルク…410g
ミルク…1½カップ（340ml）
卵黄…2個分（ほぐす）
コーンフラワー…大さじ3
ピュア・バニラエッセンス…小さじ1
プレーンなスポンジケーキ…1枚（パウンドケーキかマデイラケーキでも可）
パイナップルジュース…1カップ（225ml）
ダークラム…⅓カップ（150ml）
缶詰パイナップル…スライス1缶（425g）（汁気を切り，細かく切っておく）
ドライココナツ…¾ カップ（60g）
ホイップクリーム（ホイップしたもの）…1カップ（225ml）
マラスキノチェリー（飾り用）

1. 二重鍋の中でコンデンスミルク，ミルク，卵黄，コーンフラワー，バニラを混ぜ合わせ，熱湯の上でもったりするまでかき混ぜ続け，さらに10分かき混ぜて熱湯から下ろして冷ます（カスタードクリームが出来上がる）。
2. スポンジケーキ（またはパウンドケーキ，マデイラケーキ）を切り分け，

トライフルに適したボウルの底に敷く。

3. パイナップルジュースとラム酒を混ぜ合わせ，ケーキの上から振りかけ，半量のカスタードクリームと半量の細かく切ったパイナップルをのせ，ココナツも半量散らす。
4. さらに残り半量のカスタードクリームをのせ，その上にホイップクリームの層を作る。仕上げに，残り半量のパイナップル，ココナツそしてチェリーを飾る。このプディングも，トライフル同様，冷蔵庫で2～3時間冷やすと，風味が溶け合い，ラム酒とパイナップルジュースがスポンジケーキに浸み込んで，一層おいしくなる。

………………………………………………

◉アイランド・パイナップル・スペアリブ

食文化史的に言えば，準州時代のハワイのカマアイナ（「昔からの地元民」の意）風一品である。

スペアリブ…1.4*kg*（5センチの長さに切っておく）
砂糖…¾カップ（150*g*）
ホワイトビネガー…½カップ（110*ml*）
酒…¼ カップ（55*ml*）
醤油…大さじ1
パイナップルジュース…1カップ（225*ml*）
生の生姜…大さじ1杯分（スライスしたもの）
塩…大さじ1
コーンスターチ（あるいはコーンフラワー）…大さじ4
缶詰パイナップル…チャンクかスライス小1缶（生パイナップルでも可）
食用油

1. 容器に広げた大さじ3杯のコーンスターチをスペアリブにまぶし，何回かに分けて食用油で軽く焼く。
2. 砂糖，ビネガー，酒，醤油，パイナップルジュース，残りのコーンスターチを混ぜ合わせる。
3. 1のスペアリブをロースト用の鉄板にのせ，2のミックスソースを回しかける。
4. 180℃にあらかじめ温めたオーブンで1時間半ほど，頻繁にたれをつけながら，あぶり焼きにする。

………………………………………………

◉パイナップル・パブロワ

（パブロワ用）
卵白…3個分
バニラエッセンス…小さじ1
コーンフラワー…小さじ2
精製糖…175*g*
ホワイトワインビネガー…小さじ2
（フィリング用）
卵黄…3個分
バター…大さじ½
レモンの皮…小さじ½（すりおろしたもの）
砂糖…大さじ1

レモン果汁…小さじ1
缶詰パイナップル…クラッシュ…370*g*
(仕上げ用)
ホイップクリーム…300*ml*

(パブロワ)
1. 卵白をしっかり泡立て，少しずつ砂糖を加えながら，滑らかになるまで泡立てを続け，バニラエッセンス，コーンフラワー，精製糖を静かに混ぜ合わせる。
2. 20センチの丸型パイケースに油を塗ってベーキングシートを張りつけ，1を広げる（このとき，中央部分を凹ませ加減にしておく)。あらかじめ150℃に温めたオーブンで1時間焼く。

(フィリング)
3. 二重鍋あるいは厚手鍋にフィリング用の材料すべてを入れて弱火にかけ，混ぜ続けながら煮詰める。
4. 3を冷まし，2で焼いたメレンゲの中央に流し込む。

(仕上げ)
5. 4の上に泡立てたホイップクリームをのせる（スライスパイナップルを飾りつけるとさらに豪華になる)。

……………………………………………

◉スイート・サワー・パイナップルチキン

1960年代にアメリカの中華レストランで人気を集めた「甘酸っぱい」料理の典型で，本格的というよりは「中華街風」中華料理といったほうがぴったりくる一品だ。水切りしてスライスした缶詰のクログワイが（薄くスライスしたニンジンのように）輪切りにして軽くソテーして加えられることもあった。種を取り除いたざく切りピーマンを軽くソテーして加えることでレトロっぽさを演出するのも悪くないが，ピーマンの風味に他の食材の風味が負けてしまうかもしれない。

鶏ムネ肉…2枚（皮を引いた骨なしのものをそれぞれ6～8個に削ぎ切りしておく）
コーンフラワー（コーンスターチ）…小さじ2
シェリー酒…小さじ1
水…小さじ1
ニンニク…1かけ（みじん切りにしておく）
生の生姜…小さじ1（叩いてからみじん切りにしたもの)
コーンフラワー（コーンスターチ）…小さじ2
醤油…大さじ1
シェリー酒…大さじ1
海鮮醤…大さじ1
レモン果汁…小さじ1
缶詰パイナップル…チャンク¾カップ
パイナップルジュース…¼カップ
植物油…大さじ3

1. 小さじ2杯のコーンスターチ，小さじ1杯のシェリー酒，小さじ1杯の水

を合わせ，削ぎ切りした鶏肉にからませ，ボウルに入れて蓋をして半時間冷やす。
2. 中華鍋か厚手鍋に食用油を熱して鶏肉を入れ，2分間素早くかき混ぜて炒め，パイナップルを加えて蓋をし，3分加熱して鶏肉に火を通す（鶏肉とパイナップルは取りだして保温しておく）。
3. ニンニク，生姜，小さじ2杯のコーンスターチ，大さじ1杯の醤油，シェリー酒，海鮮醤，小さじ1杯のレモン果汁を合わせ，中華鍋か厚手鍋に入れて混ぜながらとろりとした熱いソースを作り，保温しておいた鶏肉とパイナップルの上にかけ，白飯と一緒に供する。

……………………………………………

◉パイナップル・コンフィ

A・G・ヒューイット著，『ケープ料理 *Cape Cookery*』（1890年）より。

ケープ地域のオランダ人は生のフルーツを砂糖漬けにして保存するコンフィ作りでよく知られていた。古いレシピに多く見られるように，この一品でもパイナップルの外皮が風味づけとして使われている。パイナップルは丹念に洗ってから皮を剥いて利用しなければならない。

1. パイナップルの外皮を剝き，果肉を1センチほどの厚さの輪切りにする。
2. 厚手のソースパンに水を入れて外皮を煮立て，その水を漉す。
3. 2で漉した液とパイナップルスライスをプレザーヴィングパン（主にジャム作りに用いる専用鍋，口が広く，注ぎ口もあり，バケツのように持ち手がついている）に入れてパイナップルが浮く程度に水を足し，パイナップルが柔らかくなるまで煮る。
4. 壊さないようフライ返しを使って，パイナップルを取りだし，水気を切る。
5. パイナップルを煮た水を使ってシロップを作り，とろりとしてきたら，4のパイナップルを戻し入れ，透明になるまで煮る。

飲むパイナップル

パイナップルを使った今風のカクテルのレシピはインターネット上にあふれているが，歴史志向の方々のために，最初の3つは1870年の英国からピックアップして紹介する。

◉サイダー・ネクター・カップ・ア・ラ・ハロルド・リトルデール

ウィリアム・テリントン著，『クーリング・カップス・アンド・デインティー・ドリンクス *Cooling Cups and Dainty Drinks*』（ロンドン，1870年）より。

リンゴ酒…約1リットル
炭酸水…1瓶
シェリー酒…グラス1杯

ブランデー…小さめのグラス1杯
レモン果汁…½個分（漉したもの）
レモン…¼個分（角砂糖をこすりつけたもの）
砂糖，風味づけのためのナツメグ
バーベナの小枝

パイナップルの搾り汁で風味を添え，漉してよく冷やしてから味わう。絶賛されてきただけのことはあるおいしさだ。

◉オックスフォード・パンチ

1. 棒砂糖230*g*が入ったすり鉢にレモンの皮（4個を薄く剝いたもの），セビリアオレンジの皮（2個を薄く剝いたもの）を入れ，滑らかになるまで攪拌する。
2. 1にレモンとセビリアオレンジの果汁を絞り入れ，4個分のスィートオレンジの果汁と280*ml*ほどの水を加えて漉し，火のそばに立てた水差しに移す。
3. カーフフットゼリー（子牛の脚をゆでて作られたゼラチンでできたゼリー）570*ml*を加えてしっかり混ぜ合わせ，さらに2.2リットルの熱湯，280*ml*のシロップ，小さじ1杯の橙花水（ネロリ油の水溶液），ワイングラス1杯のキュラソー，280*ml*のシェリー酒，570*ml*のコニャック，570*ml*のパイナップル・ラム，1.1リットルほどのオレンジシュラブを加えてよく混ぜる。温かいものを供する。

◉ジン・パンチ・ア・ラ・バローズ

レモン果汁…1個分
パイナップルシロップ…100*ml*
ジン…570*ml*
緑茶…1.1リットル

冷たいパンチにしたい場合には緑茶の代わりに砕いた氷を使う。

◉パイナップル・ジューレップ

『カッセルの料理事典 *Cassell's Dictionary of Cooker*』（1890年頃）より。

1. 完熟パイナップルの皮を，できるかぎり無駄が出ないよう丁寧に剝き，果肉は薄い輪切りにする。
2. 1の果肉を大きなボウルに入れ，その上にスィートオレンジ2個分の果汁を漉しながら絞り入れる。
3. 2に140*ml*のマラスキノ酒，140*ml*のジン，140*ml*のラズベリーシロップを注ぎ入れ，よく混ぜる。供する直前にモーゼル（発泡性白ワイン）とタンブラー1杯分の氷を加える。

◉パイナップルのアイスコーヒー

ハワイアンパイナップル・カンパニー，『モーニング・ヌーン・アンド・ナイト

Morning, Noon and Night』（ホノルル，1935年）より。

砂糖…⅜カップ
水…¾カップ
オレンジの皮…小さじ¾（すりおろしたもの）
冷たいコーヒー…3カップ
ドール・ハワイアンパイナップル・ジュース…¾カップ
クリーム…¾カップ
砕いた氷

1. 砂糖，水，オレンジの皮を10分間煮立て，冷まして漉してコーヒーを加える。
2. 供する直前にパイナップルジュースとクリームを入れ，砕いた氷が縁まで入った背の高いグラスに注ぐ（6人分出来上がる）。

…………………………………………

◉ハワイアンパイナップル・ミント・アイスティー

1. 好みのティーを淹れてミントの葉を3分間浸す。
2. 14オンス・タンブラー（400～430ml用）1個につき，½個分のレモン果汁，大さじ1杯のパイナップルジュース，小さじ3杯の砂糖を入れ，ブレンダーかシェーカーを使ってよく混ぜる。
3. よく冷やしてから氷入りのグラスに注ぎ，ミントの小枝，パイナップルの若芽をあしらう。

注

序章　起源と発見

（1）Ferdinand Columbo, *The Life of The Admiral Christopher Columbus by his Son Ferdinand*, trans. and annotated by Benjamin Keen (New Brunswick, NJ, 1959), pp. 111-112. ［エルナンド・コロン『コロンブス提督伝』吉井善作訳／朝日新聞社（1992年）］

（2）Ibid., p. 72.

（3）Kenneth G. Rohrbach, Freddy Leaf and Geo Coppens d'Eckenbrugge, 'History, Distribution and World Production', in *The Pineapple: Botany, Production and Uses* (Honolulu, IL, 2003), ed. Duane Philip Bartholomew with Robert E. Paul and Kenneth E. Rohrbach, pp. 1-2.

（4）Gonzalo Fernandez de Oviedo y Caldez, *Historia General y Natural de las Indias*, translation of a manuscript in the Huntington Library (HM 117), San Marino, California, in J. L. Collins, *The Pineapple: Botany, Cultivation and Utilization* (London, 1960), pp. 9-11.

第1章　王の果実

（1）Peter Martyr D'Anghera, *De Orbe Novo: The Eight Decades of Peter Martyr d'Anghera, translated with Notes and Introduction by Francis Augustus MacNutt* (New York, 1912), vol. I, pp. 262-263.

（2）In J. L. Collings, *The Pineapple: Botany, Cultivation and Utilization* (London, 1960), p. 12.

（3）Pierre Pomet, *A Compleat History of Drugs* [1712], cited in Fran Beauman, *The Pineapple* (London, 2005), p. 38.

（4）Joyce Lorimer, ed., *Sir Walter Ralegh's 'Discoverie of Guiana'* (London, 2006).

（5）Thomas Verney, quoted in Aubrey Gwynn, 'Indentured Servants and Negro Slaves in Barbados', *Studies: An Irish Quarterly Review*, XIX/74 (1930), p. 290.

（6）John Locke, *An Essay Concerning Human Understanding*, Book III, chap. 4. ［ジョン・ロック『人間知性論』大槻春彦訳／岩波書店（1972年）／その他邦訳あり］

（7）Richard Ligon, *True and Exact History of the Island of Barbados* (1673), p. 84.

(8) Elizabeth Hall, 'The Plant Collections of an Eighteenth-century Virtuoso', *Garden History*, XIV/1 (Spring 1986), pp. 6-31; see also Gregory King, *Natural and Political Observations and Conclusions upon the State and Condition of England* (London, 1696).
(9) John Gabriel Stedman, *Narrative of a Five Years' Expedition to Surinam in 1790* (London, 1796), vol. II, p. 212.
(10) Edward Ives, *Voyage from England to India in the year 1754* (London, 1773), p 57.
(11) Christopher Thacker, '*La Manière de montrer les jardins à Versailles* by Louis XIV and Others', Garden History, I/1 (September 1972), p. 55.
(12) Noël-Antoine Pluche, *Spectacle de la Nature*, English edition (London, 1737), vol. II, pp. 178-9.
(13) See 'The Yew Tree Ball: Chateau of Versailles', at http://en.chateauversailles.fr, accessed May 2012.
(14) *The Mirror*, vol. III (Edinburgh, 1783), p. 205.
(15) Fran Beauman, 'The King of Fruits', *Cabinet*, 23 (Fall 2006).
(16) David Hume, *A Treatise of Human Nature* (London, 1739). [デイヴィド・ヒューム『人性論』大槻春彦訳/岩波書店(1948 ~ 1952年)/その他邦訳あり]
(17) Sophie Coe, *America's First Cuisines* (Austin, TX, 1994), p. 41.
(18) Susan Campbell, 'The Genesis of Queen Victoria's Great New Kitchen Garden', *Garden History*, XII/2, p. 104.
(19) Kathryn Jones, *For the Royal Table* (London, 2008), p. 72.
(20) Jessica Rutherford, *A Prince's Passion: A History of the Brighton Pavilion* (Brighton, 2003).

第2章 パイナップル・マップ

(1) G. W. Johnson, *The Pineapple: Its Culture, Use and History* (London, 1847), p. 1.
(2) André L. Simon, *A Concise Encyclopedia of Gastronomy* (London, 1947), p. 55.
(3) Ferdinand Columbo, *The Life of The Admiral Christopher Columbus by his Son Ferdinand*, trans. and annotated by Benjamin Keen (New Brunswick, TX, 1959), p. 253. [『コロンブス提督伝』]
(4) Kathleen Ann Myers and Nina M. Scott, *Fernandez de Oviedo's Chronicle of America* (Austin, TX, 2007), p. 161.

(5) J. L. Collins, *The Pineapple: Botany, Cultivation and Utilization* (London, 1960); Berthold Laufer, *The American Plant Migration* (Chicago, IL, 1938).
(6) Elizabeth A. Standen, 'The Story of the Emperor of China: A Beauvais Tapestry Series', at http://metmuseum.org, accessed May 2012.
(7) Kaori O'Connor, 'Beyond "Exotic Groceries"; Tapioca-Cassava, a Hidden Commodity of Empire', Commodities of Empire working papers no. 10, www.open.ac.uk, accessed April 2013; also Kaori O'Connor, 'Beyond Exotic Groceries', in *Global Histories, Imperial Commodities*, ed. Jonathan Curry-Machado (London, 2013); Rebecca Earle, '"If You Eat Their Food": Diets and Bodies in Early Colonial Spanish America', *American Historical Review*, CXV/3 (June 2010), pp. 688-713.
(8) Sophie Coe, *America's First Cuisines* (Austin, TX, 1994), p. 93.
(9) R. B. Cunningham Graham, *Bernal Diaz del Castillo* (London, 1915), p. 20.
(10) Richard Ligon, *True and Exact History of the Island of Barbados* (London, 1673), p. 83.
(11) Rochefort quoted in Steven J. Taussig and Stanley Batkin, 'Bromelain, the Enzyme Complex of Pineapple and Its Clinical Application, an Update', *Journal of Ethnopharmacology, 22* (1988), p. 192.
(12) Sidney Mintz, *Sweetness and Power* (New York, 1985), p. 32. [シドニー・W・ミンツ『甘さと権力――砂糖が語る近代史』川北稔訳/平凡社（1988年)]
(13) Gilberto Freyre, *Acúcar* (Recife, 1987).
(14) Coe, *America's First Cuisines*, p. 229.
(15) Jeffrey M. Pilcher, *Que Vivan los Tamales!* (Albuquerque, NM, 1998).
(16) Full recipe can be found in Elizabeth Lambert Ortiz, *The Complete Book of Mexican Cooking* (New York, 1992), p. 190.
(17) Coe, *America's First Cuisines*, p. 229.
(18) Charles Leslie, writing in 1740, in *The Times*, 24 May 1910, p. 34, col. F.
(19) Donald Jackson, ed., *The Diaries of George Washington*, vol I: 1748-65 (Charlottesville, VA, 1976), p. 87.
(20) Sarah F. McMahon, 'A Comfortable Subsistence: The Changing Composition of Diet in Rural New England, 1620-1840', *The William and Mary Quarterly*, third series, vol. XLII, no. 1 (January 1985), pp. 26-65.
(21) Michael Olmert, 'The Hospitable Pineapple', *Colonial Williamsburg* journal, vol. XX, no. 2 (Winter 1997-1998), p. 50.

(22) The information about pineapples at the Governor's Palace in Colonial Williamsburg comes from William Marshman's manuscript, 'Governor's Palace Kitchen Account Book, 1769-1771'. Rockefeller Library owns microfilm and a transcript of the original; John A Caramia, 'Wages and Prices', *Colonial Williamsburg Interpreter*, XXVII/2 (Summer 1996), pp. 24-7; 20 shillings = £1 Sterling [from a 1772 manuscript entitled 'Arithmetic' compiled by John Graves of Culpeper, later Madison County, Virginia, quoted in Mrs Philip Wallace Hiden, 'The Money of Colonial Virginia', *Virginia Magazine of History and Biography*, LI/1 (January 1943), pp. 36-54. Courtesy Juleigh Muirhead Clark, Colonial Williamsburg Foundation].

(23) 'The Senator Weds', *Life* (28 September 1953), p. 45.

(24) Wedding menu courtesy of the John F. Kennedy Presidential Library, personal communication with the author.

(25) Philip Morin Freneau, 'The Beauties of Santa Cruz', in *The Poems of Philip Frenau* (Princeton, NJ, 1902), vol. 1, p. 299.

第3章　クイーン・パイナップル

(1) Charles Lamb, 'A Dissertation Upon Roast Pig', in *Elia* (London, 1823), pp. 284-285. [チャールズ・ラム『エリアのエッセイ』舟木裕訳／平凡社（1994年）／その他邦訳あり]

(2) 'Adelaide Gallery', *The Times*, 13 June 1837, p. 6, col. B.

(3) 'A New Vegetable Fibre', *Morning Post*, London, 16 June 1837, p. 7.

(4) G. W. Johnson, *The Pineapple: Its Culture, Use and History* (London, 1847), pp. 22-44.

(5) C. Ludger, Preface, in Johan Philipp Siebenkees, *The Life of Bianca Capello, Wife of Francesco de Medici, Grand Duke of Tuscany* (Liverpool, 1797), pp. ii-iii.

(6) 'Christmas and the Fruit Markets', *The Times*, 22 December 1898, p. 9.

(7) J. Robson, 'The Fruit and Kitchen Gardens', *Journal of Horticulture*, XXII (1872), p. 455.

(8) *Pall Mall Gazette* in *The London Reader*, 1 October 1873, pp. 474-475.

(9) 'Confectioners Botany', *All the Year Round*, 10 August 1861, pp. 462-464.

(10) Mrs A. B. Marshall, *Fancy Ices* (London, 1894), pp. 102-03.

(11) Henry Mayhew, Letter XII, Tuesday November 27, 1849, Labour and the Poor 1849-1850, *Morning Chronicle*. Original prices modernized (4d=4 pence).

(12) 'London Street Markets: Paradox of Fruit Prices', *The Times*, 4 August 1928, p. 14.
(13) Charles H. Fox, 'Bottled Fruit', *The Times*, 2 August 1910, p. 7.
(14) 'Lovers of Verbal Accuracy Have Frequently Complained', editorial leader, *The Times*, 16 June 1884, p. 11.
(15) 'The Luxuries of the Poor', *The Times*, 5 March 1914, p. 9.
(16) Henry Thoreau, journal entry for 24 November 1860, http://thoreau.library.ucsb.edu.

第4章　ハワイアンパイナップル

(1) Kaori O'Connor, 'The Hawaiian *Luau*: Food as Tradition, Transgression, Transformation and Travel', *Food Culture and Society*, XI/2 (2008), pp. 149-72. Sophie Coe Prize, 2009.
(2) Gilbert Grosvenor, 'The Hawaiian Islands', *National Geographic Magazine*, LXV, no. 2 (February 1924), p. 168.
(3) E. V. Wilcox, 'The Pineapple Industry', *Paradise of the Pacific, Honolulu* (December 1911), p. 42.
(4) Hawaiian Pineapple Growers Association advertisement, *Ladies Home Journal* (1 March 1909), p. 66.
(5) Hawaiian Pineapple Growers Association advertisement, *Ladies Home Journal* (April 1909), p. 72.
(6) Association of Hawaiian Pineapple Canners advertisement, *National Geographic Magazine* (February 1924), p. 250.
(7) Dole Company, *A Hawaiian Luau*, n.d. (c. 1950s), p. 1.
(8) *Del Monte Luau Favourites and Island Recipes*, n.d., p. 1.

第5章　飲むパイナップル

(1) Samuel Eliot Morison, *Journals and Other Documents on the Life and Voyages of Christopher Columbus* (New York, 1963), p. 346.
(2) Peter Martyr d'Anghiera, *De Orbe Nova: The Eight Decades of Peter Martyr D'Anghiera*, trans. with notes and an introduction by Frances Augustus MacNutt (New York, 1912), vol. I, p. 237.
(3) Joyce Lorimer, ed., *Sir Walter Ralegh's 'Discoverie of Guiana'* (London, 2006), p. 206.

(4) Richard Ligon, *A True and Exact History of the Island of Barbadoes* [1763] (London, 1970), p. 33.

(5) D. P. Bartholomew, Robert E. Paull and K. E. Rohrbach, eds, *The Pineapple: Botany, Production and Uses* (Honolulu, HI, 2002).

(6) Hugh Barty-King and Anton Massel, *Rum Yesterday and Today*, with a foreword by Hammond Innes (London, 1983).

(7) William Terrington, *Cooling Cups and Dainty Drinks* (London, 1870), p. 52.

(8) George Smith, distiller, *The Nature of Fermentation Explain'd* (London, 1729), pp. 16-17.

(9) 'A Bevy of Women Charged with Drunkenness', *Pall Mall Gazette*, 27 December 1867, issue 898.

(10) Richard A. Hawkins, *A Pacific Industry* (London, 2011), p. 87.

(11) American Can Company, *The Hawaiian Islands and the Story of Pineapple* (New York, 1939), p. 37.

(12) Victor Bergeron, *Trader Vic's Book of Food and Drink* (New York, 1946), p. 60.

(13) For original recipe see Victor Bergeron, *Trader Vic's Rum Cookery and Drinkery* (New York, 1974), p. 133.

第6章　世界のパイナップル

(1) 'Miss Shaw on the Australian Outlook', *The Times*, 10 January 1894, p. 11.

(2) Kaori O'Connor, 'The King's Christmas Pudding: Globalization, Recipes and the Commodities of Empire', *Journal of Global History*, 4 (2009), pp. 127-155.

(3) Empire Marketing Board, *A Book of Empire Dinners* (London, 1928), p. 51.

(4) In J. L. Collins, *The Pineapple: Botany, Cultivation and Utilization* (London, 1960), p. 10.

カオリ・オコナー（Kaori O'Connor）
ユニヴァーシティ・カレッジ・ロンドン（University College London）の文化人類学上席研究員。『イングリッシュ・ブレークファースト *The English Breakfast*』（2013 年）の著者。食物史の優れた研究に授与される「ソフィー・コウ賞」を 2009 年に受賞。

大久保庸子（おおくぼ・ようこ）
三重県生まれ。オハイオ大学，ハワイ大学修士課程修了。訳書にリサ・モートン『ハロウィーンの文化誌』（原書房）ほか。

Pineapple: A Global History by Kaori O'Connor
was first published by Reaktion Books in the Edible Series, London, UK, 2013

「食《しょく》」の図書館《としょかん》

パイナップルの歴史《れきし》

●

*2015*年*9*月*24*日　第*1*刷

著者……………カオリ・オコナー
訳者……………大久保庸子《おおくぼようこ》
装幀……………佐々木正見
発行者……………成瀬雅人
発行所……………株式会社原書房

〒160-0022 東京都新宿区新宿 1-25-13
電話・代表 03(3354)0685
振替・00150-6-151594
http://www.harashobo.co.jp

印刷……………新灯印刷株式会社
製本……………東京美術紙工協業組合

ISBN 978-4-562-05170-0, Printed in Japan

パンの歴史　《「食」の図書館》
ウィリアム・ルーベル／堤理華訳

変幻自在のパンの中には、よりよい食と暮らしを追い求めてきた人類の歴史がつまっている。多くのカラー図版とともに読み解く人とパンの6千年の物語。世界中のパンで作るレシピ付。　2000円

カレーの歴史　《「食」の図書館》
コリーン・テイラー・セン／竹田円訳

「グローバル」という形容詞がふさわしいカレー。インド、イギリス、ヨーロッパ、南北アメリカ、アフリカ、アジア、日本など、世界中のカレーの歴史について豊富なカラー図版とともに楽しく読み解く。　2000円

キノコの歴史　《「食」の図書館》
シンシア・D・バーテルセン／関根光宏訳

「神の食べもの」か「悪魔の食べもの」か？　キノコ自体の平易な解説はもちろん、採集・食べ方・保存、毒殺と中毒、宗教と幻覚、現代のキノコ産業についてまで述べた、キノコと人間の文化の歴史。　2000円

お茶の歴史　《「食」の図書館》
ヘレン・サベリ／竹田円訳

中国、イギリス、インドの緑茶や紅茶のみならず、中央アジア、ロシア、トルコ、アフリカまで言及した、まさに「お茶の世界史」。日本茶、プラントハンター、ティーバッグ誕生秘話など、楽しい話題満載。　2000円

スパイスの歴史　《「食」の図書館》
フレッド・ツァラ／竹田円訳

シナモン、コショウ、トウガラシなど5つの最重要スパイスに注目し、古代～大航海時代～現代まで、食はもちろん経済、戦争、科学など、世界を動かす原動力としてのスパイスのドラマチックな歴史を描く。　2000円

（価格は税別）

ミルクの歴史　《「食」の図書館》
ハンナ・ヴェルテン／堤理華訳

おいしいミルクには波瀾万丈の歴史があった。古代の搾乳法から美と健康の妙薬と珍重された時代、危険な「毒」と化したミルク産業誕生期の負の歴史、今日の隆盛までの人間とミルクの営みをグローバルに描く。　２０００円

ジャガイモの歴史　《「食」の図書館》
アンドルー・Ｆ・スミス／竹田円訳

南米原産のぶこつな食べものは、ヨーロッパの戦争や飢饉、アメリカ建国にも重要な影響を与えた！　波乱に満ちたジャガイモの歴史を豊富な写真と共に探検。ポテトチップス誕生秘話など楽しい話題も満載。　２０００円

スープの歴史　《「食」の図書館》
ジャネット・クラークソン／富永佐知子訳

石器時代や中世からインスタント製品全盛の現代までの歴史を豊富な写真とともに大研究。西洋と東洋のスープの決定的な違い、戦争との意外な関係ほか、最も基本的な料理「スープ」をおもしろく説き明かす。　２０００円

ビールの歴史　《「食」の図書館》
ギャビン・Ｄ・スミス／大間知知子訳

ビール造りは「女の仕事」だった古代、中世の時代から近代的なラガー・ビール誕生の時代、現代の隆盛までのビールの歩みを豊富な写真と共に描く。地ビールや各国ビール事情にもふれた、ビールの文化史！　２０００円

タマゴの歴史　《「食」の図書館》
ダイアン・トゥープス／村上彩訳

タマゴは単なる食べ物ではなく、完璧な形を持つ生命の根源、生命の象徴である。古代の調理法から最新のレシピまで人間とタマゴの関係を「食」から、芸術や工業デザインほか、文化史の視点までひも解く。　２０００円

（価格は税別）

ウイスキーの歴史 《「食」の図書館》

ケビン・R・コザー／神長倉伸義訳

ウイスキーは酒であると同時に、政治であり、経済であり、文化である。起源や造り方をはじめ、厳しい取り締まりや戦争などの危機を何度もはねとばし、誇り高い文化にまでなった奇跡の飲み物の歴史を描く。　２０００円

豚肉の歴史 《「食」の図書館》

キャサリン・M・ロジャーズ／伊藤綺訳

古代ローマ人も愛した、安くておいしい「肉の優等生」豚肉。豚肉と人間の豊かな歴史を、偏見／タブー、労働者などの視点も交えながら描く。世界の豚肉料理、ハム他の加工品、現代の豚肉産業なども詳述。　２０００円

サンドイッチの歴史 《「食」の図書館》

ビー・ウィルソン／月谷真紀訳

簡単なのに奥が深い…サンドイッチの驚きの歴史！「サンドイッチ伯爵が発明」説を検証する、鉄道・ピクニックとの深い関係、サンドイッチ高層建築化問題、日本の総菜パン文化ほか、楽しいエピソード満載。　２０００円

ピザの歴史 《「食」の図書館》

キャロル・ヘルストスキー／田口未和訳

イタリア移民とアメリカへ渡って以降、各地の食文化に合わせて世界中に広まったピザ。本物のピザとはなに？世界中で愛されるようになった理由は？　シンプルに見えて実は複雑なピザの魅力を歴史から探る。　２０００円

図説 朝食の歴史

アンドリュー・ドルビー／大山晶訳

世界中の朝食に関して書かれたものを収集し、朝食の歴史と人間が織りなす物語を読み解く。面白く、ためになり、おなかがすくこと請け合い。朝食は一日の中で最上の食事だということを納得させてくれる。　２８００円

（価格は税別）

フランス料理の歴史

マグロンヌ・トゥーサン＝サマ／太田佐絵子訳

遥か中世の都市市民が生んだこの料理が、どのようにして今の姿になったのか？ 食文化史の第一人者が食と市民生活の歴史を辿り、文化としての料理が誕生するまでの過程を描く。中世以来の貴重なレシピ付。 ３２００円

マリー＝アンヌ・カンタン フランスチーズガイドブック

マリー＝アンヌ・カンタン／太田佐絵子訳

著名なチーズ専門店の店主が、写真とともにタイプ別に解説、具体的なコメントを付す。フランスのほぼ全てのチーズとヨーロッパの代表的なチーズを網羅し、チーズを味わうための実践的なアドバイスも記載。 ２８００円

ワインの世界史 海を渡ったワインの秘密

ジャン＝ロベール・ピット／幸田礼雅訳

聖書の物語、詩人・知識人の含蓄のある言葉、またワイン文化にはイギリスが深くかかわっているなどの興味深い挿話をまじえながら、世界中に広がるワインの魅力と壮大な歴史を描く。 ３２００円

ワインを楽しむ58のアロマガイド

ミカエル・モワッセフほか／剣持春夫監修、松永りえ訳

ワインの特徴である香り58種類を丁寧に解説。通常はブドウの品種、産地へと辿るが、本書ではグラスに注いだ香りから、ルーツ探しがスタートする。香りの基礎知識や嗅覚、ワイン醸造なども網羅した必読書。 ２２００円

必携ワイン速習ブック JSA呼称資格試験合格への最短ルート

剣持春夫、佐藤秀仁

日本ソムリエ協会の認定試験に対応し、教本の中で学ぶべき要点を網羅している。視覚に訴える地図など工夫を凝らした画期的なワインの教科書。ソムリエ界の重鎮が初めて明かすワインのてほどき。 ３０００円

（価格は税別）

図説 世界史を変えた50の食物
ビル・プライス／井上廣美訳

大昔の狩猟採集時代にはじまって、未来の遺伝子組み換え食品にまでおよぶ、食物を紹介する魅力的で美しい案内書。砂糖が大西洋の奴隷貿易をどのように助長したのかなど、新たな発見がある一冊。　２８００円

ニンジンでトロイア戦争に勝つ方法 上・下
世界を変えた20の野菜の歴史
レベッカ・ラップ／緒川久美子訳

トロイの木馬の中でギリシア人がニンジンをかじった理由は？　など、身近な野菜の起源、分類、栄養といった科学的側面をはじめ、歴史、迷信、伝説、文化まで驚きにみちたそのすべてが楽しくわかる。　各２０００円

美食の歴史２０００年
パトリス・ジェリネ／北村陽子訳

古代から未知なる食物を求めて、世界中を旅してきた人類。食は我々の習慣、生活様式を大きく変化させ、戦争の原因にもなった。様々な食材の古代から現代までの変遷や、芸術へと磨き上げた人々の歴史。　２８００円

シャーロック・ホームズと見る ヴィクトリア朝英国の食卓と生活
関矢悦子

目玉焼きじゃないハムエッグや定番の燻製ニシン、各種お茶にアルコールの数々、面倒な結婚手続きや使用人事情、やっぱり揉めてる遺産相続まで、あの時代の市民生活をホームズ物語とともに調べてみました。　２４００円

紅茶スパイ　英国人プラントハンター中国をゆく
サラ・ローズ／築地誠子訳

19世紀、中国がひた隠しにしてきた茶の製法とタネを入手するため、凄腕プラントハンターが中国奥地に潜入。激動の時代を背景に、ミステリアスな紅茶の歴史を描いた、面白さ抜群の歴史ノンフィクション！　２４００円

（価格は税別）

ケーキの歴史物語《お菓子の図書館》
ニコラ・ハンブル／堤理華訳
ケーキって一体なに？　いつ頃どこで生まれた？　フランスは豪華でイギリスは地味なのはなぜ？　始まり、作り方と食べ方の変遷、文化や社会との意外な関係など、実は奥深いケーキの歴史を楽しく説き明かす。　２０００円

アイスクリームの歴史物語《お菓子の図書館》
ローラ・ワイス／竹田円訳
アイスクリームの歴史は、多くの努力といくつかの素敵な偶然で出来ている。「超ぜいたく品」から大量消費社会に至るまで、コーンの誕生と影響力など、誰も知らないトリビアが盛りだくさんの楽しい本。　２０００円

チョコレートの歴史物語《お菓子の図書館》
サラ・モス、アレクサンダー・バデノック／堤理華訳
マヤ、アステカなどのメソアメリカで「神への捧げ物」だったカカオが、世界中を魅了するチョコレートになるまでの激動の歴史。原産地搾取という「負」の歴史、企業のイメージ戦略などについても言及。　２０００円

パイの歴史物語《お菓子の図書館》
ジャネット・クラークソン／竹田円訳
サクサクのパイは、昔は中身を保存・運搬するただの入れ物だった!?　中身を真空パックする実用料理だったパイが、芸術的なまでに進化する驚きの歴史。パイにこめられた庶民の知恵と工夫をお読みあれ。　２０００円

パンケーキの歴史物語《お菓子の図書館》
ケン・アルバーラ／関根光宏訳
甘くてしょっぱくて、素朴でゴージャス――変幻自在なパンケーキの意外に奥深い歴史。あっと驚く作り方・食べ方から、社会や文化、芸術との関係まで、パンケーキの楽しいエピソードが満載。レシピ付。　２０００円

（価格は税別）